CATALOGUE

D'UNE NOMBREUSE COLLECTION

D'ESTAMPES

Anciennes

DE TOUTES LES ÉCOLES

Estampes de l'École française du xviii° siècle; Pièces imprimées en couleurs; Vignettes; Pièces historiques; Scènes de mœurs; Portraits français et étrangers; grand nombre de Costumes de tous les peuples, particulièrement sur l'Orient; Documents sur les voyages, l'Archéologie, la Sculpture et la Peinture; Topographie sur Paris, la France et l'Étranger; etc.;

DESSINS ANCIENS

PRINCIPALEMENT DE L'ÉCOLE FRANÇAISE DU XVIII° SIÈCLE

Deux volumes contenant des Portraits de personnages célèbres du xvi° siècle,

Provenant du Cabinet de feu M. RAIFFÉ

DONT LA VENTE AUX ENCHÈRES PUBLIQUES AURA LIEU

PAR SUITE DE SON DÉCÈS

HOTEL DROUOT, SALLE N° 3

Les Lundi 25, Mardi 26, Mercredi 27, Jeudi 28 et Vendredi 29 Janvier 1864

M° DELBERGUE-CORMONT, Commissaire-Priseur,
rue de Provence, 8,

Assisté de **M. CLÉMENT**, M^d d'Estampes de la Bibliothèque Impériale, rue des Saints-Pères, 3,

Chez lesquels se distribue le présent Catalogue.

EXPOSITION PUBLIQUE

Le Dimanche 24 Janvier 1864, de une heure à quatre.

1864

ORDRE DES VACATIONS

Lundi 25 — Première Vacation...... N°s 1 à 184

Mardi 26 — 2e Vacation.......... 185 à 359

Mercredi 27 — 3e Vacation........ 361 à 551

Jeudi 28 — 4e Vacation........... { 627 à 733
                                             { 552 à 626

Vendredi 29 — 5e Vacation. Les Dessins. 1 à 107

A la fin de chaque vacation, il sera vendu, sous le n° 734, une quantité de lots non catalogués.

———∞———

CONDITIONS DE LA VENTE

Elle sera faite au comptant.

Les acquéreurs paieront, en sus des adjudications, CINQ pour CENT applicables aux frais.

L'Expert aura la faculté de diviser les lots.

DÉSIGNATION

ESTAMPES ANCIENNES

1 **Alberti** (Chérubin). Quatre dessins de couteaux sur deux planches avec ornements renaissance. Belles épreuves avec toutes marges. Rares.

2 **Aldegraver**. Les danseurs de noces. Suite de 8 estampes (B. 144-151). Belles ép.

3 — Quarante pièces gravées par lui représentant des sujets de mythologie, d'histoire et costumes.

4 **Anonyme** de l'École allemande du xve siècle. Les armoiries de l'évêché de Wurtzbourg (B. T. X. P. 56, n° 34). Estampe rare.

5 **Barbé** (J.-B.). Théâtre remontrant en XXIV scènes la vie du Rev. P. Gabriel Maria, de l'ordre de saint François, 24 p., 1 titre et le port. du personnage.

6 **Beham** (Hans Sébald). L'Enlèvement d'Hélène (B. 70). Très-belle ép.

7 — Homme nu poursuivi par deux lions. Estampe gravée sur bois et non décrite.

8 **Bella** (Della). Quarante-six pièces de son œuvre.

9 — Les jeux des reines. 106 p.

10 **Berghem** et **autres**. Cent neuf pièces d'animaux, par Berghem. P. Potter, Marc de Bye et autres.

11 **Bertelli** (F). Habits et costumes vénitiens. *Venise*, 1563 ; 58 pl. in-4. Manque les pl. 49-50.

12 **Bonasone** (Jules). Clélie traversant le Tibre (B. 83). Très-belle ép.

13 — Le lever du soleil, d'après Michel-Ange (B. 99). Belle ép. du premier état, rare.

14 — L'Amour surpris dans les Champs-Elysées (B. 101). Belle ép. rare.

15 **Bosse** (Abraham). La Mariée reconduite chez elle ; le Printemps ; le Contrat de mariage ; le Barbier ; le Cordonnier ; Marche des chevaliers de l'ordre du Saint-Esprit. 6 p. Belles ép.

16 — L'Automne ; le Printemps ; la Vue ; l'Infirmerie de l'hospice de la Charité ; le Retour du baptême ; l'Accouchée. 6 p. Belles ép.

17 — Les vierges folles et les vierges sages. 7 p. Belles ép.

18 — La Déroute des jansénistes ; la Dame réformée ; titre de l'Histoire de Rosane ; Louis XIII et sa cour. 5 p.

19 — La Noblesse française ; la Noblesse à l'Église. 16 p.

20 — Le Bal ; l'Ouye ; le Mauvais riche ; l'Enfant prodigue ; le Goût ; la Relevée ; l'Accouchée ; visiter les prisonniers ; l'Imprimeur ; etc. 18 p.

21 **Bosse, Callot, Saint-Igny et autres.** Costumes d'hommes et femmes ; métiers ; etc. 48 p.

22 **Both, Herman Swanewelt et Gessner** Paysages. 40 p.

23 **Bonnart** et **Leclerc**. Costumes et scènes de mœurs du temps de Louis XIV. 53 p.

24 **Boutemie** (D.). Ouvrage rare et nouveau contenant plusieurs dessins de merveilleuse récréation sous divers caprices et gentillesses représentées en l'industrieuse découpure d'un chapeau, inventée par Boutemie, orfèvre ordinaire du roy, pour les inventions de son cabinet, etc., et se vendent à Paris chez B. Montcornet. 1636. 20 pl. Recueil rare et curieux.

25 **Bry** (Jean-Théodore). Epigramme de Martial. Jolie petite pièce de forme ronde représentant une grande réunion de personnages. Très-belle ép.

26 — Sujet mythologique, entouré de jolis ornements du XVIᵉ siècle. Très-belle ép.

27 — Marche de soldats, Danses de seigneurs et de villageois; etc. 4 p.

28 — Marche de soldats; costumes; danse de seigneurs; manches de couteaux; etc. 6 p. Belles ép.

29 — Bustes d'empereurs romains; ornements d'orfévrerie; etc. 34 p.

30 — Cartouches avec sujets de costumes du XVIᵉ siècle; armoiries; etc. 21 p.

31 **Casa** — (Nicolas della). Portrait de Baccio Bandinelli, célèbre sculpteur florentin. Très-belle ép.

32 — Portrait de Cosme II, duc de Médicis. Rare.

33 **Carrache** (Augustin). Mercure et les Grâces; Mars renvoyé par Minerve (B. 117-118). 2 pièces gravées d'après les tableaux du Tintoret. Belles épreuves.

34 **Callot** (Jacques). La Foire de Florence ; Vue de la tour de Nesle; etc. 9 p.

35 — Un portefeuille renfermant un grand nombre d'estampes, par et d'après Callot.

36 **Chodowiecki** (Daniel). Cabinet d'un peintre (c'est la famille de Chodowiecki). Belle ép. avec marges.

37 — Douze différentes compositions de propositions de mariages.

38 **Cort** (C.). L'Aigle de Jupiter enlevant Ganymède, d'après Titien. Le même sujet, d'après Michel-Ange. 2 p.

39 **Cranach** (L.), Tournoi (B. 126). Estampe gravée sur bois. Belle épreuve.

40 — Les réformateurs Luther et Huss exerçant les fonctions de la communion envers plusieurs princes de la maison de Saxe (B. 152). Estampe rare.

41 **Du Jardin** (Karle). Quarante-huit pièces de son œuvre.

42 **Durer** (Albert). Apollon et Diane. Belle ép. doublée.

43 — Le Groupe des quatre femmes nues (75). Belle ép.

44 — La Grande fortune. Très-belle ép.

45 — L'Oriental et sa femme. Très-belle ép., mais elle est mal conservée.

46 — La Dame à cheval; Apollon et Diane. 2 p. Belles ép.

47 — Les armes à la tête de mort. Belle ép.

48 — Le Christ assis auquel un homme présente un roseau. Estampe portant le monogramme d'Albert Durer, gravée avec beaucoup d'énergie. Très-belle ép.

49 — Dix-sept pièces, sujets divers, par et d'après lui.

50 **De Non** (D'ap.). Le Déjeuner de Ferney ; les effets de la sensibilité sur les quatre différents tempéraments, par Chodowiecki ; Allégorie sur Voltaire, vignette d'après Prudhon ; le Petit Marlboroug ; Frédéric Le Grand. 6 petites pl.

31 **Ecole allemande.** Soixante-trois pièces, par Altdorfer, Beham, Binck et autres.

52 **Edelinck**, Gr. **Huret**, **Mellan.** La Foi ; Tombeau de Louis XIII ; véritable Portrait du Saint-Suaire ; titres de livres, etc. 5 p.

53 **Fables de La Fontaine** (Pour les). Un portefeuille contenant 170 pièces pour les Fables de La Fontaine, d'après Oudry, à l'eau-forte, avant et avec la lettre.

54 **Falck** (J.). Saint en extase ; le Concert ; la Vieille coquette ; la Sémiramis et deux pièces avant la lettre du cabinet Crozat. 6 p.

55 **Flaxmann.** La divine Comédie du Dante, par Flaxmann.

56 **Fragonard.** Sujets dessinés d'après les tableaux des Musées d'Italie, gravés par S. Non. 70 p. tirées sur papier bleu.

57 **Galle** (C.). Sujets de la vie de saint Ignace de Loyola. 14 p.

58 **Gaultier** (Léonard). Le Jugement dernier; sujets religieux ; titres de livres. 13 p.

59 — Titres de livres, dont un avec une vue de Paris. 8 p.

60 — Le Baladin mondain; le Cavalier et la Mort; Costumes de femmes du temps de Louis XIII, par M. Lasne, 5 p.

61 **Ghisi** (Jean-Baptiste). Vénus assise sur un lit entre les bras de Mars (B. 7). Très-belle ép.

62 **Gheyn** (Jacques de). Costumes militaires, d'après Goltzius. 12 p.

63 — Costumes de mascarades, hommes et femmes. 10 pl.

64 — **Goltzius** (Henri). Portraits de J. Lafaille et sa femme (B. 212-213). Superbes ép.

65 — Guillaume de Nassau, prince d'Orange; Charlotte de Bourbon Montpensier, sa femme. Deux portraits faisant pendant. Belles ép.

66 — Egmont (Françoise d'), coupée à l'ovale.

67 — Jean Boll, peintre de Malines. Très-belle ép.

68 — Le Porte-étendard; petit portrait d'homme, par Wierix. Belles ép. 2 p.

69 **Goltzius et son école**. Sujets de costumes. de mythologie et de genre. 15 p.

70 — Sujets de mythologie, de la Fable et allégoriques, par Goltzius, Van Sichem, Matham, etc. 12 p.

71 — Sujets de costumes, par Goltzius, Saenredam. Sadeler. etc. 13 p.

72 — Sujets de mythologie et pièces à costumes 15 p.

73 — Costumes militaires, par Londerseel. 11 p.

74 **Goya** (Fr.). Isabelle de Bourbon, épouse de Philippe IV, roi d'Espagne, à cheval, d'après Velasquez. Belle ép.

75 — Esope, d'après le tableau de Velasquez, qui est au Royal-Palais de Madrid. Très-belle ép. avec toutes marges.

76 **Hollar** (W.). La Danse des morts, d'après Holbein. Suite de 30 pl. Très-belles ép.

77 — Portraits de Robert Heath ; Catherine Cornaro ; Portrait de femme d'après Alb. Durer ; Henriette d'Angleterre, etc. 10 pl.

78 — Les Quatre saisons. Belles ép.

79 — Petits costumes de femmes. 91 p.

80 — Grands costumes de femmes. 63 pl.

81 **Isac Jaspard.** Sujets de sainteté et de mythologie, etc. 20 p.

82 **P. de Jode.** Jeune femme à sa toilette, d'après J. Jordaens. Belle ép.

83 **P. Keruis** *exc.* Allégorie représentant Louis XIII et Anne d'Autriche enfants, unis par un ange ; au bas est un quatrain. Pièce curieuse et très-rare.

84 **Labruzzi** (Carlo). Figures diverses, gravées à l'eau-forte. 17 p.

85 **Leblond** (*excud.*). Costumes de femmes du temps de Louis XIII, gravés par M. Lasne, Daret et autres. 65 p

86 **Leclerc** (Séb.). Costumes et sujets gravés par lui. Environ 100 p.

87 **Leyde** (Lucas de). Son portrait; le triomphe de Mardochée ; Loth et ses filles, etc. 5 p.

88 **Morghen** (Raphaël). Buste de la Fornarine, gravé sur une planche d'argent. Très-rare.

89 **Olmultz** (Wenceslas d'). Le martyre de saint Sébastien.

90 **Ostade** (Adrien et Isaac Van, d'après). Le Bourg-mestre ; le Physicien ; Halte flamande ; le Cabaret flamand. 4 p., belles ép.

91 **Parrocel**. Un portefeuille contenant environ 200 pl. de costumes militaires.

92 **Passe** (Crispin de). Sujets de costumes. 14 p.

93 **Pinelli**. Nouveau recueil de 50 costumes pitto-resques de Rome, gravés à l'eau-forte par Bartholomeo Pinelli. *Roma*, 1810.

94 — L'Enéide de Virgile, inventée et dessinée à l'eau-forte, par Bartolomeo Pinelli. *Roma*, 1810, 50 pl.

95 — Recueil de 50 costumes des plus intéressants de la cité, terre, pays et province du royaume de Naples, dessinés et gravés à l'eau-forte, par Bartolomeo Pinelli. *Roma*, 1814.

96 — Scènes de mœurs à Rome. 8 p.

97 — Lot de 86 pièces de costumes et sujets divers.

98 **Plonski** (M.). 23 pièces de son œuvre.

99 **Raimondi** (Marc-Antoine). Le triomphe de Galathée, d'après Raphaël. B. 350, belle ép.

100 — Le songe de Raphaël. B. 359, belle épreuve d'une estampe rare.

101 — La Carcasse (426). Gravé par **A.** Vénitien. Belle épreuve; elle est doublée.

102 — Angélique et Médor. B. 484, par le même. Belle ép.

103 — L'Homme au laurier. (B. 491). Par le même.

104 — Portrait de Barberousse. (B. 520). Très-belle ép.

105 — Les Grimpeurs, d'après Michel-Ange.

R. Boyvin. La Danse des Dryades, d'après maître Roux.

Ecole de Fontainebleau. Vénus et ses Nymphes au bain.

G. Ghisi. La dispute du Saint-Sacrement, d'après Raphaël. 4 p.

106 **Rembrandt** (Van Rhyn). Joseph et la femme de Putiphar ; Jésus au milieu des docteurs ; David en prière ; l'Ange qui disparaît à la famille de Tobie, 4 p. Le Lit à la française. (Copie.)

107 **Rembrandt** et **Rubens.** 32 pièces par et d'après eux.

108 **Ridinger.** Chevaux de divers pays. 39 p.

109 **Robetta.** L'Homme attaché à un arbre par l'Amour. (B. 25). Belle ép.

110 **Rousselet, G. Huret.** Le Palais des facultés de l'âme ; l'Enfance ; le Gentilhomme ; la Coquette désolée, l'Hiver. 6 p.

111 **Rubens** (D'ap.). La Nativité ; le Serpent d'airain ; les Pères de l'Eglise ; le Triomphe de la Religion ; l'Annonciation ; l'Ecce-Homo, etc. 14 pièces.

112 **Sadeler** (Genre de), Portrait de Jobert Burgi, célèbre mathématicien des empereurs Rodolphe et Matthias. Joli portrait dans un médaillon entouré d'instruments de mathématiques.

113 **Saenredam** (Jean). La Danse d'Hérodiade, d'après C. Mandère. Très-belle épreuve d'une pièce curieuse et très-intéressante pour les costumes.

114 **Saint-Igny** (D'après). Le Théâtre de France, contenant la diversité des habits, selon les qualités et conditions des personnes, par Saint-Igny et gravés par Briot. 22 p. Rare.

115 **Saint-Jean**. Jeune homme à genoux auprès du lit d'une jeune femme. Pièce curieuse pour le costume et l'ameublement du temps de Louis XIV.

116 **Schaufalein** (Hans). Costumes allemands. 5 pièces gravées sur bois.

117 **Schongauer** (Martin). Le Christ en croix. (B. 17). Ancienne ép.

118 **Van Sichem**. Les Sibylles. 12 p.

119 **Solis** (Virgilius). Le bain des Anabaptistes; Angélique et Médor, par G. Ghisi, et différents sujets. 7 p.

120 **Swanenburg** (P. W.), Intérieur de l'amphithéâtre d'anatomie de Leyde, d'après Wondanus. Belle épreuve, rare.

121 — Un portefeuille contenant un grand nombre de costumes du xvie siècle, gravés sur bois et tirés du Vecellio et de divers autres ouvrages de la même époque.

122 Recueil de 120 estampes représentant des costumes de diverses nations, dessinés par Smith et
gravés par Th. Viers.

123 **Vignon** (Claude, d'après). Galerie des Femmes
fortes, 24 pièces publiées chez P. Mariette.

124 **Vincelio** (Vénitien). Modèles de points coupés.
27 p. sur 7 feuilles Rares.

125 **Wierix** (les). Sujets religieux. 23 pièces, belles
ép.

126 **Wille** (J.-G.). La Mort de Gléopâtre. Epreuve
coupée et remontée.

127 **Zagel** (Martin). Le Bal. (B. 13). Belle épreuve,
mais elle est mal conservée.

128 — L'Embrassement. (B. 15). Très-belle ép.

129 — Sainte Catherine. Belle épreuve, malheureusement elle est trouée de vers.

130 **Zompini** (G.). Les Arts et Métiers de la cité de
Venise, inventés et gravés par Gaëtano Zompini.
Venise, 1785, 60 pl.

131 **Zurbaran** et **Morlo** (d'ap.). Trois portraits
de femmes en pied et assises

Topographie, Pièces historiques, Scènes de Mœurs et Ornements

131 *bis*. Perspective du Pont-Neuf, par E. Della Bella.
Vue de la prison des Madelonnettes. Pyramide
dressée à la porte du Palais, par J. Leclerc. 3 p.

132 **Descourtis**, Vue de la porte Saint-Bernard à
Paris, *Jazet*. Vue du port de Cherbourg et de la
ville de Rouen. 3 p.

133 Vues du Palais des Tuileries des côtés de l'entrée et du jardin. 2 p. gravées par Is. Silvestre.

134 Vues de Paris d'après Rigaud, Blondel et autres 15 p.

135 **Silvestre** et **J. Marot**. Vues de Paris. 27 p.

136 Un lot de topographies sur la ville de Paris. 60 p.

137 22 p. de topographie relatives à l'abbaye de Port-Royal-des-Champs, gravées par Marie Horthemels.

138 Vues des châteaux de Versailles, Saint-Germain, Saint-Cloud et autres, d'après Rigaud. 19 p.

139 Vues des châteaux de Fontainebleau, Meudon, Gaillon, Hôtel-de-ville de Lyon, etc., par Silvestre et Perelle. 38 p.

140 Vues des ports de France, par J. Vernet. 10 p. à l'eau-forte, avant et avec la lettre.

141 Vues de Rome et d'Italie. 55 p. par Silvestre.

142 Paysages, sujets et vues. 54 p. par Silvestre et Perelle.

143 Méthode de musique au XVIᵉ siècle, instruments curieux accompagnés d'un texte descriptif. Pièce gravée sur bois, très-rare.

144 Costumes et scènes de mœurs du temps de Louis XIII :

La Dame du monde; les trois Noces du monde, Dialogue de dame Alison et de Lubin, son mari, dans le cabaret; la Corrante espagnole; le Caquet des femmes; le Crieur de gazette; Allégories sur la mort; le Festin; le Secours de la paix aux nations oppressées par la guerre et la misère, soldats jouant aux cartes, les différents âges de l'homme etc. 15 p. curieuses et rares.

145 Caricatures du temps de Louis XIII. 26 p.

146 Caricatures sur les métiers du temps de Louis XIII. 21 p.

147 **Lepautre**. Deux sujets du sacre de Louis XIV, Louis XIV visitant l'Observatoire, par S. Leclerc; Entrevue de Louis XIV et de Philippe IV, pièces historiques sur l'enterrement de Charles de Lorraine, etc. 9 p.

148 Lot de 23 pièces historiques sur le règne de Louis XIV.

149 **Randon**. Les Galères royales sous Louis XIV. 5 p.

150 Marche du corps de la ville de Paris pour l'Érection de la statue équestre du Roy dans la place de Louis-le-Grand le 13 août 1699, par Guerard; Cérémonie du mariage de Louis XV avec Marie Leczinska, Assassinat de Henri IV, par Bouttats. Magasin royal des armes à Paris, appelé vulgairement de la Bastille. 4 p.

151 Carrousel sous Louis XIV. 30 p.

152 Les désastres et l'affreux incendie de la foire de Saint-Germain, arrivés le 17 mars 1702 : 410 boutiques de marchands qui y ont perdu la plus grande partie de leurs biens. Rare.

153 Hôtel de Soissons établi pour le commerce du papier en 1720, d'après A. Humblot.

154 L'Amant vengé, inventé et gravé par Ransonnette, au milieu de la marge, six vers par Delagardette.
A Paris, chez l'auteur, Place Maubert, etc.

155 Pièce historique sur la religion en 1732. L'Orgueil ecclésiastique confondu par le Parlement. La glorieuse entrée du nonce à Paris au mois d'août 1732. 3 p.

156 Miracles opérés par l'intercession du diacre Pâris, dans l'église S. Médard, scènes de sa vie et portraits. 35 p.

157 Marche des prévôts et échevins de la ville de Paris autour de la statue de Louis XV, d'ap. Gravelot, par Saint-Aubin. Les médecins botaniste et minéralogiste écrasés par le médecin à la mode. Folies du carnaval, par Noël. L'Innocence de Marie-Françoise-Victoire Salmon, accusée d'empoisonnement, reconnue par arrêt du Parlement de Paris le 23 mai 1782. Convalescence de Louis XIV, d'ap. Largillière, etc. 8 p.

158 La Désolation des filles de joie (ordonnance de police du 6 novembre 1778).

> *Ah! la police nous écrase!*
> *Mais il faut aussi l'accuser ?*
> *Nous en avons tant fait raser,*
> *Qu'il est bien juste qu'on nous rase.*

A Paris chez Naudet, rue de la Mortellerie, près le corps de garde, place de Grève. Rare.

159 La même pièce. Épreuve avant la lettre et le quatrain.

160 Autre composition concernant l'ordonnance de police pour les filles de joie. Au bas huit quatrains.

161 Autre composition représentant la même ordonnance de police.

Sous les fatals ciseaux d'une femme homicide,
Samson perd ses cheveux, et reste sans vigueur,
Un rasoir, à son tour, à vos charmes perfide,
Moderne Dalila, venge enfin notre honneur.

A Paris, au passage du Saumon, n° 1.

162 Le Vice forcé dans ses retranchements.

Dans ce lieu de libertinage,
Trève à de coupables fureurs,
Soldat, laisse venger les mœurs,
Pour ton Roi garde ton courage.

A Paris, chez Naudet etc.

163 La même pièce. Ép. avant le quatrain.

164 **Bouchardon** (d'ap.). Les cris de Paris. Sujets
par De Boissieux. 26 p.

165 Revue du roi au Trou-d'Enfer, par Le Paon, etc.
5 grandes p. grav. par Le Bas.

166 Les Petits Comédiens. Suite de six estampes représentant des scènes de comédie du temps de
Louis XV, avec sonnets au-dessous de chaque
pièce. Rare.

167 Représentation du feu d'artifice élevé devant l'Hôtel-de-ville de Paris, pour l'heureux accouche-
ment de Mme la dauphine, le 26 août 1750, par
MM. Ruggieri, italiens, artificiers du roi. — Représentation de l'illumination donnée le 11 juillet
1742, par M. le prince Catimir, pour le couronnement de Sa Majesté, par Le Bas. — Vue du bâti-
ment construit sous les ordres de M. le prévôt des
marchands de la ville de Paris, pour la réception
du roi et de la reine, avec leur cour, pour voir le
feu d'artifice tiré en la place de Grève, le 21 jan-

vier 1782, à l'occasion de la naissance de Mgr. le dauphin, d'après Desrais. — Joûte faite sur la Seine, à l'ocasion du mariage de Mme Élisabeth de France et de Don Philippe, infant d'Espagne. 4 p.

168 Cérémonies et Fêtes données à Paris, à l'occasion des mariages des princes de France. 25 grandes p.

169 Un portefeuille contenant 44 pièces historiques relatives aux fêtes données à l'occasion des maria-ges des princes de France, etc.

170 Sacre de Louis XVI, par Moreau. Illumination de la salle de bal à Reims, d'après Blarenberghe. Bal dans le salon de Versailles. 3 grandes p.

171 Un lot de 8 pièces sur la banque de Law et sur la rue Quincampoix.

172 Révolution française. La princesse Elisabeth sor-tant de la Conciergerie, tableau représentant la Déclaration des droits de l'homme. Ouverture des États généraux. Exécution de Louis XVI. Les formes acerbes. Montagne élevée au champ de la Réunion. Camp fédératif de Lyon en 1790, etc. 14 pièces dont plusieurs sont très-curieuses.

173 Travaux du Champ-de-Mars pour la confédération du 14 juillet 1790. — Le Gâteau des Rois, d'après Erimeln. Pièces historiques sur la Révolution. Allégories sur la loterie. 5 p.

174 Lot de 87 pièces sur la Révolution, relatives à Louis XVI et sa famille; portraits, etc.

175 Un lot de 48 pièces sur le théâtre et la magie.

176 Trois petites vues de Paris, gravées en couleur. Expérience de MM. Charles et Robert, faite dans le jardin des Tuileries le 1er décembre 1783. Mgr.

le duc de Chartres et **M.** le duc de Fitz-Jame si-
gnent le procès-verbal, qui constate l'arrivée de
MM. Charles et Robert dans la prairie de Nesle
près d'Hédouville. 5 p.

177 Machine aérostatique de MM. l'abbé Miolan et
Janninet. Expériences de MM. les frères Robert le
19 septembre 1784 au jardin des Tuileries. Expériences de MM. Charles et Robert, le 1er décembre 1783, et leur arrivée dans la prairie de Nesle.
4 p.

178 **Monsaldy** et **Devisme**. Vue des ouvrages de
peinture des artistes vivants, exposés au Muséum
central des arts, en l'an VIII de la R. F. belle ép.
rare.

179 **Martini** (P.). Expositions de peinture aux sa-
lons de 1785 et 1787. 2 p. Belles ép.

180 **Ducerceau**, **R. Boyvin** et **Etienne Delaune**. Arabesques et ornements d'orfévrerie.
11 p.

181 Ornements par Berain, Boucher etc. 15 p.

182 **Lepautre**. Ornements divers. 42 p.

183 Ornements grotesques, gravés en Allemagne en
1610. 13 p.

184 Ornements par de Lafosse, vases d'ap. Polydore,
24 p.

185 **Charlet**. Bonaparte factionnaire. 2 p.

186 **Decamps**. Croquis par divers artistes. 9 p.

187 **Gericault**. L'Écurie, le Maréchal-ferrant. *Lith.*
de Villain. 2 p.

188 **Henriquel Dupont** (M.). Portrait de Hussein-
Pacha, avant et avec la lettre ; Joseph Coiny, etc
5 p.

189 **Ingres** (M.). L'Odalisque, lithographiée par lui-
même en 1825, et la lithographie d'après son
tableau, par Sudre. 2 p.

190 **Prud'hon** (d'ap.). La Caresse. L'Égratignure.
Vénus et Adonis. Vénus sur son char. 4 pièces
lithographiées, par J. Boilly.

191 Un portefeuille contenant environ 250 pièces du
journal la Caricature, par Charlet, Grandville,
Raffet, Henri Monnier, etc. (années 1830-31).

192 Lithographies par Raffet, Hersent, E. Wattier, Pi-
gal, Roqueplan, L. Boulanger, etc. 15 p.

193 **Devéria**. Motifs variés, les Mois de l'année, costumes, etc. 45 p.

194 La Grèce. Vues pittoresques et topographiques,
dessinées par O. M. baron de Stackelberg. Paris,
chez J.-F. d'Ostewald, éditeur, 1834. 126 pl. lith.
et texte.

PORTRAITS

CLASSÉS PAR NOMS DE GRAVEURS

195 **Bartolozzi**. Marie-Christine, gouvernante des
Pays-Bas, d'après Roslin, ép. avant et avec la lettre.

196 **Beauvarlet**. Mme la comtesse Du Barry, d'après
Drouais. Belle ép.

197 Bois (portraits gravés sur). Albert Durer, par lui-
même. Sultan Barberousse. Turc à cheval. La Fileuse. 5 p. gravées sur bois.

188 **Bonnart**. Portraits de princesses françaises
et femmes célèbres sous Louis XIV. 18 p.

199 **Bonnet**. Mme de Pompadour, d'après Drouais.
Joli petit portrait gravé en couleur.

200 **R. Boyvin**. Portraits de Martin Luther, Jean
Calvin, Jean Hus, Philippe Melanchton, Clément
Marot (deux portraits diff.), H. Zvinglius, Martin
Bucerus, Michel Lhôpital (par Boissard) Jean Boc-
cace. 10 belles ép. avec toutes marges.

201 Portraits de Théodore de Bry et Louis Roupert,
maître-orfèvre à Metz, par L. Cossin. 2 p.

202 **Brookshaw**. Mme Dubarry, Marie-Antoinette,
Mme la comtesse de Provence. 3 portraits, d'après
Drouais.

203 **Carmontelle**. Portraits d'hommes et femmes.
5 p.

204 **Cochin** (Ch.-N., d'après). Portraits de Carle
Vanloo, F. Boucher, C.-N. Cochin le fils, J.-B.
Chardin, J. Vernet, J.-M. Pierre, J. Restout,
Mme Chardin, Ch.-N. Cochin, J. Rameau, Caffiery,
L. Cars, J. Leblanc, Fréron, Ch.-H. Heineken,
comte de Stroganoff, J. Longuet, Mme Radix, Ch.
Gauzargues, etc. 24 p. Belles ép.

205 Doubles du numéro précédent. 15 p.

206 **Daret** et **Boissevin**. Portraits de femmes
célèbres, princesses, etc., etc., du temps de
Louis XIII. 55 p.

207 — Portraits de personnages célèbres sous les règnes de Louis XIII et Louis XIV. 54 p.

208 **David** (J.). Divers portraits gravés à l'eau-forte. 12 p.

209 **De Larmessin.** Catherine Opalinska, reine de Pologne. d'après Vanloo. Belle ép.

210 **Duflos** (Cl.). Portraits de la famille de Gondy. 20 p.

211 **Duflos** (P.). Portraits de personnages français et étrangers. Environ 150 p.

212 **Dyck** (Ant. Van, d'après). Son portrait, Nicolas Rockox, Paul de Vos, Louis, comte palatin du Rhin, comte Papenheim, Marie d'Autriche, Maria-Clara de Croüo, Philippe de Pembroke, Elisabeth, comtesse de Castlehaven. 11 p.

213 **Edelinck** et **Lubin.** Portraits tirés des Hommes illustres de Perrault, 34 p.

214 **Falck** (J.). Wladislas IV, roi de Pologne, Lucas, comte Opalinski. 2 p. Belles ép.

215 **Firens** (P.). Henri IV guérissant les écrouelles. Très-belle ép.

216 — Sacre de Louis XIII, d'après F. Quesnel. Très-belle ép.

217 **Gaultier** (L.). Henri IV en costume de guerrier, à cheval. Très-belle ép.

218 — Henri IV, id., à cheval (2 portraits différents), Marie de Médicis, Gabrielle d'Estrées, Louis XIV, jeune, et à cheval. 7 p. Belles ép.

219 — 143 portraits de la chronologie collée.

220 **Gaultier** (L., genre de). Marie de Médicis tenant un lit de justice. Belle ép.

221 Granthome, Rabel, L. Gaultier, Th. de Leu. Elisabeth d'Autriche (3 différents portraits), Marie-Stuart, Louise de Lorraine (5 différents portraits), Catherine de Médicis (2 différents portraits), Jeanne d'Albret, Marguerite de Valois, Catherine de Bourbon. 14 p.

222 Henriquez (B.-L.). Portraits de d'Alembert, d'après Jollain, Diderot, d'après Vanloo. 2 p. Belles ép.

223 Delaune, Gourmont, Th. de Leu, L. Gautier, Rabel et autres. François, duc de Guise, cardinal de Bourbon, Montaigne, le duc d'Epernon, le duc d'Anjou, Henri II, Henri III, Fl. Birague, Fr. Pétrarque, poëte italien. 8 p.

224 Houve (Paul. de la) *excud.* Portrait d'Elisabeth, reine d'Angleterre. Belle ép. avec marges. Rare.

225 Huret (Gr.). Portrait de Marie Stuart ; dans le fond on voit la scène de son exécution. Joli petit portrait. Belle ép.

226 Kauffman (Ang., d'après). Portrait de la duchesse de Richemont avec son enfant. Jolie pièce par Burke. Ep. avant la lettre.

227 P. de Jode. Philippe IV, roi d'Espagne, Isabelle de Bourbon, sa femme. 2 jolis portraits. Très belles ép.

228 Lépicié. Portrait de Molière, d'après Coypel. Très-belle ép. avec toutes marges.

229 Leu (Thomas de). Catherine de Bourbon, sœur de Henri IV. Très-belle ép.

230 — Autre portrait du même personnage. Très-belle ép.

231 — Louise de Lorraine. Belle ép. avec marge.

232 — Charles de Gonzague, duc de Mantoue et de Nevers. Très-belle ép.

233 — Lorraine (Henri de), marquis du Pont. Très-belle ép.

234 — Don Petrus Arlensis. Très-belle ép.

235 — Portraict au naturel de Monseigneur le Dauphin, né à Fontainebleau, le 27 septembre, à 10 heures de nuict, 1601. Très-belle ép.

236 — Charles de Bourbon, comte de Soissons, Henri de Bourbon, prince de Condé (2 différents portraits), Charles de Lorraine, duc de Guise, François, 1er dauphin de France, Charles de Bourbon, cardinal de Vendôme, Charles de Gontaut, duc de Biron, Louis de Lorraine, cardinal de Guise, Jacques Ier, roi d'Angleterre, Louis d'Orléans, Blaise de Vigenere. 12 p.

237 — Antoine de Bourbon, roi de Navarre; Henri de Lorraine, duc de Guise; François Ier, dauphin de France; Henri IV à cheval; Jean de Bourbon, comte d'Enghien; François de Bourbon, prince de Conty; Henri de Lorraine, comte de Chaligny; Charles de Lorraine, duc de Guise; Louis de Bourbon, prince de Condé; Charles, connétable de Bourbon; Henri, duc de Montmorency; Henri de Lorraine, marquis du Pont; Charles de Bourbon, comte de Soissons; Antoine Caron; Blaise de Vigenere. 17 p.

238 — Marie-Stuart; Catherine de Médicis; Elisabeth d'Autriche; Louise de Lorraine; la princesse de Lorraine; Marguerite de Valois; Gabrielle d'Estrées; Henriette de Balzac; Jeanne de Cocesme, princesse de Conty; Elisabeth, reine d'Angleterre; Louise de Budos. 13 p. dont 2 doubles.

239 — Eléonore d'Autriche, reine de France; Louise de Lorraine (4 différents portraits); Louise de Budos; Jeanne d'Albret; Marie de Médicis; Jeanne de Cocesme, princesse de Conty; Gabrielle d'Estrées; Henriette de Balzac; Louise Bourgeois, accoucheuse de Marie de Médicis. 16 p.

240 Leu et **Granthome**. Pierre de Brach; Jean de Beaugrand; Henri de Montpensier, pair de France; Sixte V, souverain-pontife. 4 p. Belles ép.

241 Montcornet. Portraits des rois de France, princes du sang et personnages célèbres. 38 p.

242 — Portraits des reines de France et princesses du sang. 25 p.

243 — Portraits de personnages français célèbres dans le clergé, la magistrature, l'armée, etc. 88 p.

244 — Portraits de femmes célèbres, princesses du sang, etc. 46 p.

245 Nanteuil (R.). J.-B. de Guébriant; Jacques, marquis de Castelnau; La Fontaine, par Ficquet; Jean-François de Lesdiguières, par Drevet. 4 p.

246 Nanteuil, **Mellan** et **Poilly**. Christine de Suède; Louise-Marie de Gonzague, reine de Pologne, et Mlle de Montpensier. 3 p. Belles ép.

207 **Nelli**. François II, roi de France; Isabelle d'Autriche, femme de Charles V; Philippe, roi d'Espagne; Cosme II, duc de Médicis; Marie-Stuart; Edouard, roi d'Angleterre; Albert, marquis de Brandebourg; Marie la sanglante, reine d'Angleterre. 8 petits portraits dans des encadrements du xvie siècle.

248 **Passe** (C.). Elisabeth, reine d'Angleterre. 4 différents portraits.

249 — Elisabeth d'Angleterre; Anne d'Angleterre; Jacques, roi d'Angleterre; Henri, prince de Galles; Henri IV; Philippe II; Philippe III et Isabelle, sa femme; Marie de Médicis; Rudolphe II, Catherine de Bourbon; Elisabeth de Lorraine, etc. 26 p. Belles ép.

250 **Quenedey**. Portraits d'hommes et femmes de la fin du xviiie siècle, gravés par le procédé Quenedey. 105 p.

251 **Sadeler** (Egide). Portraits de Sigismond, comte de Forjach; Anne, impératrice des Romains; Rudolphe II, empereur d'Allemagne; Melchior Klessel, évêque de Vienne; Hans Sachs, par Jost Amam, etc. 11 p. Belles ép.

252 **Saint-Aubin** (Aug.). Louise-Emilie, baronne de Breteuil; Adrienne-Sophie, marquise de Boufflers. 2 jolis portraits gravés par Aug. de Saint-Aubin.

253 **Tardieu**. Marie, princesse de Pologne, reine de France et de Navarre, d'après Nattier. Belle ép.

254 **Wierix** (Jérôme). Henri III, roi de France.

255 — Portrait de Henriette de Balzac, marquise de Verneuil. Très-belle ép.

256 — Le même portrait. Belle ép.

257 **Wierix** (Jean). Henri III, roi de France. Très-belle ép.

258 — Portrait de Catherine de Bourbon. Très-belle ép.

259 **Wierix** (Antoine). Philippe II, roi d'Espagne; Albert, cardinal, archiduc d'Autriche. 2 jolis portraits.

260 — Marguerite d'Autriche, femme de Philippe II, roi d'Espagne. Très-belle ép.

261 **Vosterman** (L.). Charles Ier, roi de la Grande-Bretagne. Belle ép.

262 **Vangelisty.** Portraits de personnages français célèbres dans l'armée, l'état, etc. 35 p.

PORTRAITS DIVERS

263 **Biron** (Charles de Gontault, duc de); pair et maréchal de France. Dans un médaillon supporté par deux autres médaillons, dans lesquels se voient son arrestation et son exécution. Belle ép.

264 Henri III; Louis XIII; François de l'Hôpital, maréchal de France, etc. 5 p.

265 Louis XIII, par J. de Heyde; de Laubespine, chancelier, par Daret; Hardouin de Péréfixe, par Masson; Séguier, chancelier, etc. 7 p.

266 Portraits de Louis XIV, par Van Schuppen; le comte de Toulouse; Charles-Emmanuel, duc de Savoie; Louis, duc d'Orléans, etc. 10 p.

267 Portraits de Louis XV, le Dauphin, le duc de Bourgogne. 9 p.

268 Louis XV, d'ap. Vanloo; le Dauphin, par Daullé; maréchal de Lowendal, par Wille; le comte de Vergennes, d'après Callet; monseigneur Leclerc de Juigné, etc. 8 p.

269 — Louis XVI, Philippe d'Orléans, Charles-Philippe, comte d'Artois; duc d'Enghien, Louis XVIII. 6 p.

270 Louis XVI, le comte de Saint-Germain, par Thomas; portrait de Prélat, avant la lettre par Balechou. 4 p.

271 Portraits de Richelieu, par M. Lasne, cardinal de La Rochefoucauld, Victor Amédée de Savoie, Henri Spondanus, Michel de Castelnau, Tristan Lhéritier, J. Boissard, Urfé, poète, Ronsard et sa maîtresse, Louis de Bourbon Condé. Henri II, etc. 18 p.

272 Portraits de Charles de Ségur, évêque de Saint-Papoul, Rollin, René Huot, curé de Saint-Jean-de-Latran, Jean des Moulins, curé de Saint-Jacques-du-Haut-Pas, Jean Soanen, évêque de Senez, René Pucelle, G. Turbières de Caylus, évêque d'Auxerre, le cardinal de Rohan, Armand Gaston de Rohan, H. de Beaulieu, évêque de Castres, etc. 17 p.

273 Portraits de Malherbe par Coelemans, Cl. Regnauldin, par M. Lasne, cardinal Duperron, Achille de Harlay, évêque de Saint-Malo, Achille de Harlay, premier président au parlement, Jacques Cœur, Isaac de Lassemas avocat, Tavereau, Michel de Castelnau, Claude de Marolles, Christophe de Thou, etc. 17 p.

274 Portraits de Ch. de Gontaut, duc de Biron, Antoine Faber, Lucas Materot, G. de Baillou médecin, Abel Bedaeus, J. Boissard, R. de Menou écuyer, Michel de Castelnau, Jean Chasteigner, R. Dufesne, par A. Bosse, J. Callot par Lasne, etc. 14 p.

275 Portraits de Pomponne de Bellièvre, Jean de la Quintinye, Guillaume de Lamoignon, J.-L. Lecousse, Gerauld de Cordenoy, Voyer d'Argenson, Jean Chardin de Paris, Jean Bart, maréchal de Saxe, etc. 14 p.

276 Portraits de Daguesseau, par Daullé, cardinal de Coislin, par Lenfant, Claude Leprertre, conseiller du Roi, François Denienport, etc. 11. p.

277 Portraits de Th. Corneille, par Thomassin, F. Rivard, professeur de philosophie, Ant. Lemaistre, avocat, Bayle, par Petit, Ant. Coypel, par J. B. Massé, Ch. Poerson, par Desrochers. 6 p.

278 Portraits de François de Paris, le Père Jérôme Geoffrin, Père Augustin Calmet, Père Pollart, Mat. Quelas, docteur en Sorbonne, Père E. Magnan, Nicolas Legros, docteur en théologie. 7 p.

279 Portraits du maréchal de Belle-Isle, Victor Le Tonnelier de Breteuil, d'Alembert, Voyer d'Argenson, Aunillon abbé de Launay. François Denienport, Jean Grimoux, etc. 11 p.

280 Jules Paul de Lionne, Rabelais, Th. Morus, Maupertuis, Bernard Potier, Voyer d'Argenson, Louis XV, etc. 11 grands portraits.

281 Différents portraits de Voltaire et Rousseau, 12 p.

282 Portraits de Franklin, Hancock, Chatterton, général Gates, Ch. Lee, Robert Bayen, comte d'Estaing Washington, Wilson, etc. 17 p.

283 La Peyrouse, par Tardière. comte de Milly, du Couëdic, comte d'Estaing, Letellier duc d'Estrées, duc de Brissac. 6 p.

284 La Fafayette, Pierre Le Noir, président, l'abbé Desmonceaux, Marie-Nicolas de Bourgogne, Jacques-Louis Radix, Turgot, etc. 9 p.

285 Raynal, l'abbé Desmonceaux, Louis Gillet, maréchal des logis. La Pérouse, comte d'Estaing, de la Motte-Piquet, Merard de Saint-Just, J.-P.-A. de Saint-Marc, etc. 41 p.

286 Buffon, d'après Drouais, Diderot, Chénier, Linguet, Fréron, Reynal, Gibelin. J.-B. de la Borde. 9 p.

287 Louis Auguste, dauphin de France, comte d'Artois, Louis Stanislas Xavier de France, Philippe, duc d'Orléans, Louis XVII. 6 p.

288 Portraits de Necker, Bailly, Mirabeau, Lavoisier, Ch.-L. Radix et autres. 7 p.

289 Portraits de députés à l'Assemblée nationale, par Dejabin. 8 p.

290 Buffon, d'après Drouais, Raynal, comte d'Estaing, J. de Sales, Fréron, Philatre de Rozier, Marmontel, etc. 9 p.

291 Portraits d'acteurs et d'actrices du XVIIIe siècle dont madame de Saint-Hubert, Sophie Arnould, madame Dugazon, Préville, etc. 27 p.

292 Marie de Médicis, par Hondius, Henriette, reine d'Angleterre, par G. Delf et Suyderhoeff, Anne d'Autriche, par Loüys. 4 p., belles épreuves.

293 Différents portraits de Marie de Médicis par Arlandi, Firens et autres. 8 p.

294 Portrait d'Anne d'Autriche en costume de veuve, entre Louis XIV jeune et Monsieur enfant; dans le fond, la bataille de Rocroy. Grande et belle pièce en largeur.

295 Marie Thérèse, reine de France, Françoise de Bourbon, Philippe de Gueldre, reine de Sicile, Anne de La Vallette, par Edelinck, Caroline de Hesse, duchesse de Bourbon, Anne de Rohan, Louise d'Orléans abbesse de Chelles. 7 p.

296 Louise Adélaïde d'Orléans, abbesse de Chelles, Louise-Marie de France, carmélite, Marguerite de Veni d'Arbouze, madame Helyot, Marie-Anne de Harlay, abbesse de l'Abbaye-aux-Bois, Marie-Anne de Ségur, la mère Arnauld par Van Schuppen et Boulanger, Catherine Agnès, 10 p.

297 Madame de Maintenon, par Giffart, Marie-Jeanne-Baptiste de Savoie, par Nanteuil, Louise-Marie, princesse d'Angleterre, par Belle, Louise de Coligny, par G. Delf. 4 p. belles épreuves.

298 Marie Leczinska, reine de France, par Petit, Crépy,
Dupin, M. de Marne, Gaucher, Marie-Josephe de
Saxe, dauphine de France, Louise-Marie de France,
carmélite. 7 p.

299 Marie Leczinska, reine de France, par Petit, Marie-
Josephe de Saxe, dauphine de France, par Petit et
Aubert, Marie-Louise de France, carmélite, Fortu-
née d'Est, princesse de Conti, par Saint-Aubin,
6 p.

300 Catherine de Harlay, Louise-Marie de Gonzague et
Marie de Buade, par Mellan, mademoiselle de Lon-
gueville, par Nanteuil, Henriette de France par
Hondius, les mères Arnauld et Agnès, par Boulanger, Christine de France. 8 p.

301 Marie de Neuville, Catherine de Harlay, duchesse
de Retz, Christine de Suède, par Nanteuil, Marie
Cadesne, par Drevet, marquise Tristan de Ros-
taing, etc. 8 p.

302 Marie Moreau, dame de Lancy, Catherine de Harlay, Henriette-Marie de France, Jacqueline de Harlay, Charlotte de Harlay, madame de Maintenon, etc.
12 p.

303 Henriette de France, reine d'Angleterre, par G.
Delf, Marie-Jeanne-Baptiste de Savoie, par Van
Schuppen, Elisabeth-Charlotte, palatine du Rhin,
d'après Rigaud, Louise d'Orléans, abbesse de Chelles
par Drevet. 4 p.

304 Madame du Barry, par Gaucher, Anne Martinozzi,
Jeanne d'Arc, Angélique Dresnin, femme de Préville, Elisabeth Guyard, Françoise de Joncoux, etc.
9 p.

305 La Chevalière d'Éon de Beaumont; trois portraits
différents, madame de Pompadour, par Littre, madame de Saint-Vincent-Sévigné, madame de Gra-
figny. 8 portraits.

306 Princesse Galitzin, chevalière d'Eon, madame de
Graffigny, Marie-Josephe, dauphine de France,
Louise-Marie de France, carmélite, madame du
Châtelet, madame Deshoulières, Anne Martinozzi.
Marie-Thérèse, reine de France, Marie Leczinska,
reine de France, Charlotte-Catherine de la Tré-
moïlle, Jeanne d'Arc, etc. 22 p.

307 Madame Favart et madame Chardin, d'après Cochin,
madame du Châtelet, mademoiselle Clairon, mademoiselle Raucourt, comtesse de Letancourt,
d'après Eisen, 7 p.

308 Madame Favart, d'après Cochin, mademoiselle
Colombe, d'après Lemoine, mademoiselle Clairon,
Angélique Drouin, femme de Préville, Sophie le
Couteux du Moley, d'après Cochin, Rosalie Levas-
seur avant et avec la lettre. Ant. Ad. Beaumenil,
Mlle d'Oligny, d'après M. Vanloo etc. 13 p.

309 Madame Deshoulières par Van Schuppen. princesse de Conti par Saint-Aubin, madame de Genlis.
par Copia, princesse Galitzin par Saint-Aubin. mademoiselle Raucour, par Cathelin, madame Du-
châtelet, madame de Saint-Vincent-Sévigné, Anne
Martinozzi. 8 p.

310 Mademoiselle Pélissier, d'après Drouais, Adrienne
Lecouvreur, par Drevet, mademoiselle Duclos,
d'après Largillière, madame du Barry, d'après
Drouais. 6 p.

311 Madame Le Brun par Muller, Adrienne Lecouvreur, par Drevet, mademoiselle Pélissier, d'après
Drouais, mademoiselle Duclois d'après Largillière.
4 p., belles épreuves.

312 Madame Aved, par Balechou, Marie Leczinska,
Marie-Josephe de Saxe, dauphine de France, par
de Larmessin, etc. 5 p.

313 Comtesse de Provence, Louise de Coligny, Catherine Mignard, madame de Montespan, etc. 12
grands portraits.

314 Madame Roland, la reine Caroline, madame Scarron, madame de Courville, Marie-Thérèse-Charlotte de France, etc. 9 p.

315 Madame de la Tour, la reine Caroline, madame
de Courville, la comtesse de Cagliostro, etc. 6 p.

316 Le traître Louis XVI, la panthère Autrichienne.
Deux pièces représentant les portraits de Louis XVI
et de Marie-Antoinette dans des réverbères. Au bas
de chaque pièce, est une légende révolutionnaire
sur chaque personnage. Très-rares.

317 Portrait de Marie-Antoinette en grand costume,
d'après madame Le Brun, gravé par Duflos,
épreuve avant la lettre et avec grandes marges.

318 Le même portrait, épreuve avec la lettre.

319 Marie-Antoinette en grand costume de cour, par
Deny, d'ap. Desrais, épreuve avec toute marge.

320 Marie-Antoinette, d'après J. Boze, par Miger. Belle
épreuve.

321 Marie-Antoinette, archiduchesse d'Autriche, dauphine de France, d'après Kranzinger, par Levas-
seur. Belle épreuve.

322 Marie-Antoinette, petit médaillon, d'après Moreau le jeune, par Gaucher. 2 épreuves avant la lettre et à l'eau-forte.

323 Marie-Antoinette, archiduchesse d'Autriche, dauphine de France. A Paris, chez Croissey, graveur, etc.

324 Louis XVI et Marie-Antoinette, d'après madame le Brun et Duplessis. Deux petits portraits gravés en couleur par Le Vachez. Rares.

325 Marie-Antoinette, petit portrait gravé en couleur.

326 Marie-Antoinette. Portraits et allégories par J. M. Moreau le jeune et Cochin. 3 pièces avant la lettre.

327 Marie-Antoinette, allégories par Cochin, Saint-Quantin, Desrais, Campana et autre. 5 p.

328 Portraits de Marie-Antoinette, d'après Vanloo et Drouais, gravés par Dupin et Cathelin 2 p.

329 Différents portraits de Marie-Antoinette, d'après E. Lebrun, et gravés par Ruotte, Wartell. 3 sont imprimés en couleur. 7 p.

330 Différents portraits de Marie-Antoinette, d'après E. Lebrun, gravés par Lebeau, Lebert, etc. 11 p.

331 Différents petits portraits de Marie-Antoinette, par Lebeau, Dambrun et autres, 17 p.

332 Madame Élisabeth, par Boizot, Mme Adélaïde, par Lebeau, Louise-Marie de Bourbon, etc. 6 p.

333 Princesse de Lamballe, d'après Danloux, Marie Thérèse de France, Mme la duchesse d'Angoulême. 6 p.

334 Portrait de Marie-Thérèse de Savoie, comtesse de Provence, d'après Drouais et autres. 4 différents portraits.

335 Marie-Thérèse-Charlotte, princesse royale de France, d'après C. Caspar, par J. Léon. Rare épreuve imprimée en couleur.

236 Marie-Thérèse de France, madame Élisabeth, Louis XVII, etc. 12 p.

337 Portraits relatifs au procès du Collier de la reine Marie-Antoinette. 9 p.

338 Cagliostro (la comtesse de). portrait gravé par John-Boydell. Belle ép.

339 Le même portrait imprimé en couleur. Épreuve avec toutes marges. Rare.

340 Charlotte Corday, âgée de 25 ans, dessinée et gravée d'après nature.

341 Charlotte Corday, vue à mi-corps coiffée d'un chapeau, dessiné d'après nature par Hauer et gravé par Tassaert. Au milieu de la marge est la scène de l'assassinat de Marat. Epreuve avant l'inscription dans la tablette.

342 Un portefeuille contenant environ 350 petits portraits français, par Odieuvre, Montcornet, etc.

PORTRAITS ÉTRANGERS

343 Philippe IV, roi d'Espagne, par Pontius, Ambroise Spinola, saint Ignace de Loyola, et reines d'Espagne. 8 p.

344 Isabelle-Claire-Eugénie, d'après Rubens, par Pontius, Maria-Luissa de Tassis, d'après Van Dyck, Maria-Ferdinandi III, impératrice d'Allemagne, par Soutman. 3 p.

345 Isabelle-Claire-Eugénie, par G. Hondius, Amélie de Solms princesse d'Orange, Sophie Hedwichia duchesse de Brunswick, Élisabeth. reine de Bohême : ces trois portraits par G. Delft d'après Mireveldt, Catherine-Charlotte, comtesse palatine du Rhin. par Matham, Louise de Nassau, par Waesbergen. 6 p.

346 Don Juan d'Autriche, à cheval, Bart. Spranger et sa femme, l'empereur Mathias. à cheval, Christian V, roi de Danemark, Ferdinand III, empereur d'Allemagne, Élisabeth. reine de Bohême, etc. 22 grands portraits.

347 Laurent Coster, par S. Ampzing, Philippe, prince de Nassau, par J. B. Vrints, Philippe Valkenisse et sa femme, d'après Rubens, le père de Rechteleere. 4 p.

348 Sophie Hedwichia, duchesse de Brunswick, Maria, princesse de Solms, Maurice de Nassau, prince d'Orange (deux portraits différents), ces 4 portraits par G. Delft, d'après Mireveldt, Guillaume, prince de Hesse, par Hondius. 6 p.

349 Louise Ulric, fille de Guillaume, roi de Prusse, par Gaillard, Charlotte-Amélie, femme de Jean-Georges de Holstein, par Preisler, Frédérique-Sophie, princesse de Prusse, par Chodowiecki. 3 p.

350 Jacques Ier, roi d'Angleterre par **J. Dilardus,**
Charles Ier et Henriette, d'après Van Dyck, duc de
Buckingham, la reine Charlotte par Fritzsch, etc.
6 p.

351 **Portraits anglais :** La reine Élisabeth, Marie-
Stuart, Catherine Parre, Marie femme de Jacques II, Catherine Howard, Henriette-Anne, Henriette de France, Élisabeth d'York, Catherine
d'Aragon, Marie, Anne de Clèves, etc. 16 p. gravées par Gunst, Vermeulen et B. Audran.

352 Portraits anglais gravés à la manière noire dont :
miss Gulston, Caroline Lichtfield, Caroline, reine de
Danemarck, miss Prowel, la reine Charlotte, duchesse d'Ancastre, royal princess of Orange, le
duc et la duchesse de Marlborough, duchesse de
Devonshire, etc. 20 p.

353 Portraits de la princesse Czartoryska, mis Wallis,
mis Horneck, Hélène Forman, etc. 6 p. d'après
Reynolds, A. Kauffmann, Rubens et autres.

354 **Portraits étrangers,** par les Sadeler, Van
Sichem et autres, dont : Philibert-Emmanuel de
Savoie, Charles-Gustave roi de Suède, Léopold
archiduc d'Autriche, François de Valois, duc d'A-
lençon, Marguerite duchesse de Parme, etc. 18 p.

355 Différents portraits de Marie-Thérèse, reine de
Hongrie, par Petit, Dagoty, Cathelin, etc. 10 p.

356 Portraits de Élisabeth et Catherine II, impératrices
de Russie. 5 p., par Wagner, Beisson, J. Lante,
Bartolozzi.

357 Portraits de personnages célèbres étrangers, 150
portraits, par Montcornet.

358 Portraits de femmes célèbres étrangères. 58 p.,
par Montcornet.

359 Portraits de Urbain VII, Clément XIV, par Cunego,
Jeanne d'Aragon d'après Raphaël, Aloysius-Mo-
cenicus, doge Vénitien, par Pitteri, Jean-Albricius.
Cosme Ier, duc de Toscane, etc. 10 p.

ÉCOLE FRANÇAISE DU XVIIIe SIÈCLE
ET VIGNETTES

361 **Aubry** (Ef.) (D'ap.). Le Mariage conclu, le Mariage rompu, deux pièces faisant pendant, gravées
par Delaunay. Très-belles épreuves avant les in-
scriptions.

362 **Aubry, Watteau** et **Boucher** (D'ap.). Les
Adieux de la nourrice, les Plaisirs de l'été, la
Toilette d'Esther, Télémaque dans l'île de Ca-
lypso, etc. 6 p.

363 **Baudoin** (D'ap.). Le Coucher de la Mariée, gravé
à l'eau-forte par J. M. Moreau le jeune et terminé
par J.-B. Simonnet. Très-belle épreuve avec
marges.

364 — Le Confessionnal, le Catéchisme. Deux pièces
faisant pendant, gravées par Moitte. Très-belles
épreuves avant la lettre avec toutes marges.

365 — Les mêmes estampes. Belles épreuves avec
marges.

366 — L'Épouse indiscrète, par Delaunay. Belle
épreuve avant la dédicace.

367 — Le Modèle honnête, gravé à l'eau-forte par Moreau le jeune et terminé par J.-B. Simonnet. Belle ép.

368 — Le Carquois épuisé, par De Launay. Belle ép.

369 — La Soirée des Tuileries, le Directeur des toilettes, le Confessionnal, le Catéchisme, les Amours champêtres, le Curieux, le Danger du tête à tête, etc. 9 p.

370 — Le Catéchisme, l'Enlèvement nocturne, le Curieux, le Couronnement de Voltaire, d'après Moreau, etc. 6 p.

371 **Baudoin, Lavrince** (D'ap.). Qu'en dit l'abbé? épreuve avant la dédicace. Le Billet doux, le Coucher de la Mariée, les Apprêts du Ballet, l'École de Danse, le Coucher des Ouvrières en modes. 6 p. Belles épreuves, malheureusement elles sont rognées.

372 — L'heureux Moment, l'Innocence en danger, le Curieux, le Catéchisme, l'Épouse endormie, etc. 6 pièces à l'eau-forte.

373 — Le Soir, la Nuit, le Déjeuner anglais, la Leçon interrompue. 4 p. Belles ép.

374 **Baudouin, Lavrince, Queverdo** (D'ap.). Le Lever, la Toilette, le Coucher des Ouvrières en modes, les Apprêts du Ballet, etc. 8 p.

375 **Baudouin, Moreau, Saint-Aubin** (D'ap.). Le Modèle honnête, l'Enlèvement nocturne, le Bal masqué, Bal du may en 1763, etc. 7 p.

376 **Borel, Le Peintre** et autres (D'ap.). Le Don intéressé, l'Amour à l'épreuve, la Cage symbolique, l'Écueil de l'innocence, la Soirée du Palais-Royal. 4 p.

377 **Borel** et **Queverdo** (D'ap.) Vous avez la clef… mais il a trouvé la Serrure, la Faute est faite, permettez qu'il la répare, la Toilette, le Lever. 4 p.

378 **Boucher** (D'ap.). La Voluptueuse, Vénus retirant l'Amour du bain, le Château de cartes, l'attention dangereuse, la Belle Bouquetière, les Bergers à la Fontaine, le Matin et le midi, etc. 10 p. Belles ép.

379 — Vénus et l'Amour, la Belle Bouquetière, la Peinture, Costumes de Femmes, etc. 18 p.

380 **Boucher, Boulogne, Van Loo** et autres (D'ap.) Les Douceurs de l'Été, Vénus et l'Amour, Actéon métamorphosé en Cerf, les Baigneuses, Jupiter et Sémélé, la Chasteté de Joseph, etc. 10 p.

381 **Boucher, Raoux, Boilly, De Troye, Peters** (D'ap.). La Mort d'Adonis, la Lecture, l'Amour maternel, les Apprêts du Bal, le Retour du Bal, Comparaison des petits pieds, etc. 7 p.

382 **Cars** (L.). 19 pièces pour la comédie de Molière.

383 **Chardin** (D'ap.). L'Instant de la Méditation, par Surugue. Très-belle ép.

384 — La Bonne Éducation, par Le Bas. Très-belle épreuve avec marge.

385 — La petite Fille aux Cerises, par C. N. Cochin. Belle ép.

386 — La petite Fille au Tambour, par C. N. Cochin. Belle ép.

387 — La Petite Fille au Chat. Rare.

388 — Le petit Cavalier, par Dupin. Rare.

389 — L'Écureuse, par C. N. Cochin. Belle épreuve avec marges.

390 — La Ratisseuse, la Gouvernante, le Négligé ou Toilette du Matin. 3 pièces gravées par Lépicié et Le Bas. Belles ép.

391 — La Fontaine, les Osselets, le Négligé, la Mère laborieuse, le Bénédicité, la Gouvernante, etc. 11 p.

392 **Challe**, Mlle **Gérard** et autres (D'ap.). Le Curieux, le Premier Baiser de l'Amour, l'Élève intéressante, la Croisée et la Bénédiction de la Mariée, par Debucourt, etc. 8 p.

393 **Cochin**, **Fillœul**, **Jeaurat** (D'ap.). La Soirée, le Matin, le Lutrin, le Milieu du Jour, La Coquette, etc. 9 p.

394 **Coypel** (Ch.) D'ap.). Madame de... en habit de Bal, par Surugue. Très-belle ép.

395 **Coypel** et **Courtin** (D'ap.). L'Amour prêtre, l'Amour médecin. Deux jolies pièces faisant pendant, gravées par Lépicié et Mathey. Belles épreuves avec marges.

396 **Coypel, Courtyn, Aubry, Le Prince, Pater** et autres (d'ap.). La Coquette, la Bonté maternelle, la Correction maternelle, le Concert, la Nourrice chérie, le Réveil des enfants, etc. 14 p.

397 **Coypel, Pater** et **Oudry** (d'ap.). Suite de quinze Estampes, pour le Roman comique de Scarron. Belles ép.

398 **Coypel**. Daphnis, les Femmes Savantes, l'Enfance, la Folie, Apollon et Issé, portrait de Coypel, sujets pour Don Quichotte, etc. 18 p.

399 **Coypel** (Ch. d'ap.). L'Ecole des Femmes, les Femmes savantes, l'Alliance de Bacchus et de Vénus, l'Enfance, le Portrait de l'Amant, la Toilette, la Folie par la Décrépitude des ajustements de la jeunesse, Jeune Homme et Jeune Femme jouant de la guitare, etc. 11 p.

400 **Desfossés** (D'ap.). La reine Marie-Antoinette annonçant à Mme de Bellegarde, des juges, et la liberté de son mari, par J. Duclos. Très belle ép.

401 **Deshayes** (D'ap.) et autres. La Vertu endormie, le Déshabillé, Jupiter et Léda, Suzanne au bain. 4 p. gracieuses.

402 **De Troy** (fils). La Lecture, l'Ornement de l'esprit et du corps, Jeune Fille prenant son café. 3 p.

403 **De Troy** (D'ap.). Toilette pour le Bal, les Apprêts du Bal, le Festin royal, d'après Moreau, Bal du May en 1763, d'après Slodtz, etc. 7 p

404 **De Troy, Raoux, Wille** fils et autres (D'ap.). Le Retour du Bal, les Apprêts du Bal, Vénus se venge de Psyché, Sacrifice à Priape, l'Essai du Corset, Dédicace d'un poème, etc. 8 p.

405 **Dugoure** (D'ap.). Le Lever de la Mariée, par Ph. Tiere. Très-belle ép., avant toutes lettres et avec toutes marges. Rare.

406 — La même Estampe. Belle épreuve, avec marges.

407 **Eisen** (Ch.) Concert méchanique, inventé par R. Richard, exposé à la bibliothèque du Roi, 1769. Jolie pièce, gravée par De Longueil.

408 **Eisen** (Ch. d'ap.). La Dame de Charité, par Voyez l'aîné. Très-belle ép. avant la lettre.

409 — La Nuit, le Jour. 2 charmantes pièces, faisant pendant et gravées par Patas. Très-belles ép.

410 — La Comète, le Bouquet. 2 pièces gravées par Le Bas et Gaillard. Très-belles ép.

411 — L'Espièglerie, la Comète, Amusements de la Jeunesse, la Marchande de Chansons. 4 p. Belles ép.

412 — Les quatre Heures du Jour, le Bal champêtre, la jolie Fermière, la belle Nourrice. 7 p. gravées par De Longueil.

413 — Les Trois Grâces, l'Amour frontispice, le Consentement refusé, l'Occasion favorable, d'après Queverdo. 5 p.

414 **Eisen, Coypel, Vanloo, Jeaurat, Raoux, Le Prince et Greuze** (D'ap.). La Malice enfantine, Jeu d'Enfants, Lecture espagnole, la Coutu ière, l'Exemple des Mères, la Prêtresse de Vesta, l'Amour du Travail, l'Amour des Fleurs, la Mère en courroux. 8 p., belles ép.

415 **Fokke.** Intérieur de salle à manger en 1768, où est une nombreuse société d'hommes et femmes, faisant un repas. Très-jolie pièce, fort curieuse, pour les costumes et la décoration intérieure. Rare épreuve avec marge, avant la lettre.

416 — La même Estampe, épreuve avec la lettre, avec toutes marges.

417 **Fragonard** (D'ap.). Ma Chemise brûle. Pièce gracieuse, épreuve avant la lettre.

418 —La Chemise enlevée : l'Amour enlevant la Chemise de Vénus couchée sur un lit. Très-jolie pièce, gravée par Guersant, l'Amour châtié par sa Mère, d'après E. L. S. 2 pièces ovales, faisant pendant. Belles ép.

419 — Le Moment favorable, Serment d'amour, l'Heureux Moment, la Famille, Vénus à la Coquille, Costumes de Femme, etc. 15 p.

420 — Sujets tirés des Contes de La Fontaine, gravés par Delignon, Lingée, Tilliard, Patas et autres. 12 pièces avant la lettre et 8 à l'eau-forte.

421 **Fragonard, Jeaurat, et Schenau** (D'ap.). Le Serment d'amour, l'Exemple des Mères, la Dame bienfaisante. 3 pièces. Belles épreuves avec marges.

422 **Freudenberg** (J.). La Toilette : jeune Femme assise se regardant dans un miroir, faisant sa toilette. Jolie pièce, gravée par Le Maître. Très-belle épreuve avec toutes marges.

423 **Freudenberg** (J.-H.-E.) (D'ap.). La Soirée d'Hiver par Ingouf, le Bain par Romanet, l'Evènement du Bal par Ingouf, la Toilette par Voyez l'aîné, le Lever par Romanet, la Visite inattendue par Voyez l'aîné, les Confidences par Lingée, le Boudoir par Maleuvre, l'Occupation par Lingée, la Promenade du matin par Lingée, la Promenade du soir par Ingouf, le Coucher par Duclos. Ces 12 pièces forment la première série de la suite des 24 pièces du Costume moral et physique du xviiie siècle par Moreau le jeune. Superbes épreuves avant les numéros et avec le texte. Collection très-rare à rencontrer en cet état.

424 — La Promenade du soir, la Toilette, la Visite inattendue, l'Occupation, la Soirée d'hiver, l'Evènement au bal. 6 pièces doubles de la suite précédente. Très-belles épreuves aussi avant les numéros.

425 — Le Petit Jour, par Delaunay. Très-belle ép.

426 — Le Gage de la Fidélité, par Voyez le jeune. Deux épreuves avant et avec la lettre.

427 — Le Lever, la Toilette, le Coucher (avant la lettre), la Promenade du soir, les Époux curieux, l'Horoscope accompli. 6 p.

428 — Le Petit Jour, par De Launay, la Toilette, le Galant Chirurgien, les Epoux curieux, les Adieux du Laboureur, le Présent du Fermier. 5 p.

429 **Gérard** (Mlle D'ap.). Les Regrets mérités, par de Launay. Très-belle épreuve avant la lettre.

430 **Greuze** (J.-B.). La Philosophie endormie. Pièce gravée à l'eau-forte par Greuze, et terminée au burin par Aliamet. Belle ép.

431 **Greuze** (J.-B. D'ap.). La Mère en courroux, le Repentir. Deux pièces gravées par Moitte. Belles épreuves avec marges.

432 — Les Soins maternels par Beauvarlet, le Malheur imprévu, Honny soit qui mal y pense, le Paralytique servi par ses enfants, la Mère sévère, le Repentir. 8 p.

433 — Divers habillements, suivant le costume d'Italie, dessinés d'après nature par J.-B. Greuze et gravés par Aug. Moitte. 24 pièces et un frontispice. Belles ép.

434 **Jeaurat** (D'ap.). L'Amour Coquet, l'Amour Petit
Maître. Deux jolies pièces faisant pendant, gravées
par Jeaurat, frère du peintre. Très-belles ép.

435 — La Couturière, le Goûté, la Servante congé-
diée, le Mari jaloux, la Relevée, l'Accouchée.
6 p., gravées par Balechou et Lépicié. Belles ép.

436 **Lardy**, sculpteur. Billet de bal du temps de
Louis XVI. Jolie petite pièce.

437 **Lavrince** (D'ap.). L'Heureux Moment, par De
Launay. Très-belle ép.

438 — La Consolation de l'Absence, par De Launay.
Très-belle ép.

439 — Les Soins mérités, par De Launay. Très-
belle ép.

440 — L'Innocence en danger, par Caquet. Belle ép.

441 — Le Restaurant, par Deni. Belle ép.

442 — La Marchande à la Toilette, par Vidal. Très-
belle épreuve avec grandes marges.

443 — La Soubrette confidente, par Vidal. Très-belle
épreuve avec marge.

444 — Le Directeur des Toilettes, par Voyezle jeune.
Rare épreuve avant la lettre.

445 — L'Ecole de Danse, par Dequevauviller, le Lever
des ouvriers en modes. Deux pièces. Belles ép.

446 — L'Assemblée au Salon, l'Assemblée au Concert.
Belles épreuves, mais elles sont rognées.

447 — L'Assemblée au Concert, par Dequevauviller.
Belle ép.

448 — L'Agréable Concert, la Partie de Musique, le
Mercure de France, le Roman dangereux. 4 pièces.
Belles ép.

449 Lavrince et **Baudouin** (D'ap.). La Balan=
çoire mystérieuse, le Roman dangereux, l'Innocence en danger, l'Epouse indiscrète, etc. 6 pièces.
Belles ép.

450 — Le Billet doux, Qu'en dit l'abbé? le Fruit de
l'amour secret. 3 p.

451 **Lavrince**, **Baudouin** et autres (D'ap.). Qu'en
dit l'abbé? le Catéchisme, le Curieux, le Marchand
de Lunettes, d'après Le Prince, le Couronnement
de Voltaire, d'après Moreau, etc. 7 p.

452 **Lavrince, Baudouin, Moreau** (D'ap.). Le
Déjeuner anglais, le Soir, le Carquois épuisé, la
Soirée des Thuilleries, Annette et Lubin, Couronnement de Voltaire, Exemple d'humanité donné
par Mme la Dauphine. 7 pièces. Belles ép.

453 **Lavrince, Moreau** (D'ap.). L'Innocence en
danger, le Directeur des Toilettes, la Cage symbolique, le Couronnement de Voltaire. 4 pièces.
Belles ép.

454 **Lavrince, Debucourt, Fragonard** et
autres (D'ap.). Miss Merteuil et miss Volange, la
Famille, l'Armoire, Offrande à Priape, le Sommeil
interrompu, La voilà prise! etc. 7 p.

455 **Lavrnce, Boilly, Mlle Gérard** et autres
(D'ap.). Sujet gracieux. 17 pièces, gravés en manière noire et au pointillé.

456 **Le Prince** (D'ap.). L'Amour à l'Espagnole, par
A. de Saint-Aubin. Belle épreuve avant la dédicace.

457 — La Lettre envoyée, par De Launay. Belle
épreuve avant la dédicace.

458 — L'Amour du travail, par Chevillet. Très-belle
épreuve avant la lettre; l'Amour des Fleurs, par le
même graveur. Belle épreuve. 2 p.

459 **Lancret** (N. d'ap.). Les Quatre heures du Jour,
suite de 4 estampes, gravées par De Larmessin.
Belles ép.

460 — Les Quatre Saisons, suite de 4 estampes gravées
par De Larmessin. Belles épreuves avec marges.

461 **Lancret**, **Boucher**, **Pater**, **Leclerc**,
Vleughels et **Lorrain** (d'ap.). Onze estampes
pour les contes de La Fonfaine. Belles épreuves.

462 **Lancret** et **Pater** (d'ap.) Partie de Plaisirs.
l'Adolescence, le Midi, l'Hiver, la Jeunesse, la
Danse, le Désir de plaire, les Aveux indiscrets,
etc. 10 p. gravées par Die, Larmessin et autres.

463 **Mollet**, **Boilly**, **Raoux** et autres (d'ap.)
Julie, ou le 1er Baiser de l'Amour, la Serinette,
Offrande à Priape, le Présent de Noce, les Adieux,
la Rose défendue, etc. 8 p.

MOREAU LE JEUNE (D'après)

*Estampes psur servir à l'histoire des mœurs et du costume
de la société française de la fin dn XVIIIe siècle.*

464 — La Dame du palais de la reine, par Martini.
Cette épreuve ainsi que les suivantes sont très-
belles d'épreuves et avant la lettre.

465 — Les Adieux, par De Launay.

466 — L'Accord parfait, par Helman.

467 — La Déclaration de la grossesse, par Martini.

468 — N'ayez-pas peur, ma bonne amie, par Helman

4

469 — Les Délices de la Maternité, par Helman.

470 — Les Précautions, par Martini.

471 — La Petite Loge, par Patas.

472 — Le Seigneur chez son Fermier, par Delignon.

473 — La Sortie de l'Opéra, la Partie de Wisht, le Rendez-Vous pour Marly. 3 p. à l'eau-forte.

474 — Le Rendez-Vous pour Marly, par Guttenberg. Belle épreuve A. P. D. R.

475 Les petits Parrains, Oui ou Non, C'est un fils à Monsieur, le Souper fin, la petite Toilette, l'Accord parfait. 6 p.

476 — Le Festin royal, le Bal masqué. 2 p. faisant pendant. Belles épreuves avec marges.

477 — Le Bal masqué, le Festin royal, Bal du May donné à Versailles en 1763, d'après Slodtz; les Apprêts du bal, le Retour du bal, d'ap. de Troy, 5 p.

478 — Sujet pour la nouvelle Héloïse, par De Launay. Épreuve avant la lettre.

479 **Nattier** (d'ap.). Les Quatre Eléments représentant les portraits des filles de Louis XV, la belle Source (Mme Victoire-Louise de France), la Vertu irrésolue, d'après Mme Lebrun. 6 p.

480 **Nattier, Carrot** et autres (d'ap.). La Comédie, les Souhaits de bonne année au grand-papa, la jeune Sultane, la Nourrice qui ramène l'enfant. 4 p.

481 **Queverdo** (d'ap.). La Nouvelle du Bien-Aimé, par Romanet. Très-belle et rare épreuve avant la lettre.

482 — La même estampe. Belle épreuve.

483 — Le Lever, la Toilette, le Coucher de la Mariée, la Fille surprise; etc. 6 p.

484 **Queverdo** et **Lebrun** (d'ap.). Le Coucher de la Mariée, le Lever de la Mariée, l'Intrigue découverte, les Désirs accomplis. 4 p. Jolies épreuves.

485 **Queverdo**, **Lebrun** et autres (d'ap.). Le Prélude, le jeune Curieux, le Repas du Matin, l'Agréable Surprise, le Bouquet dangereux, la Peinture, la Vue, le Départ de la Chasse, à bon Chat bon Rat, etc. 14 jolies pièces de costumes et scènes d'intérieur Louis XV.

486 **Raoux** (J. d'ap.). Les Quatre Ages, par J. Moyreau. Belles épreuves.

487 **Raoux**, **Courtin**, **Coypel** et autres (d'ap.). La Vieillesse, l'Enfance, les Amants, la Grecque sortant du bain, etc. 10 p.

488 **Raoux**, **Courtin**, **Duménil** et autres (d'ap.). Le Concert, l'Age Viril, la vieille Coquette, le Bal, l'Été, etc. 19 p.

489 **Raoux**, **Van Loo**, **Greuze**, **Pater** (d'ap.). Le Rendez-Vous agréable, la Musique, l'Architecture, les Grâces au Bain, Enlèvement de Police, le Désir de Plaire, etc. 11 p.

490 **Saint-Aubin** (G.-J. de). Allégorie sur le mariage du Dauphin, depuis Louis XVI. (Cat. de M. de Baudicour, 4). Belle épreuve avec toutes marges.

491 **Saint-Aubin** (Augustin de) *invenit et sculpsit*. Deux charmants titres pour deux catalogues de tableaux et d'histoire naturelle, gravés en 1757. Rares.

492 **Saint-Aubin** (Aug. d'ap.). Le Bal paré, le Concert. Deux charmantes pièces gravées par Duclos, et recherchées pour la nombreuse réunion de costumes et les intérieurs. Très-belles épreuves ; une a de la marge.

493 — La Promenade des remparts de Paris, les Portraits à la mode. Deux pièces faisant pendant, gravées par Courtois.

494 — Le Bal paré, la Promenade des remparts. Deux pièces à l'eau-forte.

495 **Saint-Aubin** et **Cochin** (d'ap.). Comptez sur mes serments, Au moins soyez Discret, Instruction des Négociants, Concours pour le prix de l'étude des têtes et de l'expression, etc. 4 p.

496 **Santerre** et **Courtin** (d'ap.). La Savante, Madame Philippeville, Madame de Mouchy, à Florisse, le Berger rusé, l'Amant complaisant, etc. 11 p.

497 **Santerre, Raoux, La Rosalba, Courtin** et autres (d'ap.). Suzanne au bain, la Lecture, le Printemps, Jupiter et Léda, la Tragédie, etc. 11 p.

498 **Schall** (d'ap.). Le premier Baiser de l'Amour, par Legrand. Jolie pièce gracieuse, très-belle épreuve, lettres grises.

499 **Schalle, Monnet, Fragonard, Deshayes** (d'ap.). Les Appas multipliés, le Bat, Renaud et Armide, le Verre d'eau, la Fidélité surveillante. 5 p.

500 **Schenau** (d'ap.). Les Intrigues amoureuses, par Albou. Très-belle épreuve avant la lettre.

501 — Image de la Beauté, Leçon de botanique, la Bonne Amitié, le Maître de guitare, la Dame bienfaisante, les Intrigues amoureuses. 6 p. gravées par Chevillet, Duflos et autres. Belles épreuves.

502 — Le petit Glouton, les Intrigues amoureuses, la Crédulité sans réflexion, l'Origine de la Peinture, Image de la Beauté, Leçon de botanique 7 p.

503 **Van Loo** (Carle d'ap.). Le Coucher, par Porporati. Belle épreuve.

604 **Van Loo** et **Le Guide** (d'ap.). Lecture espagnole, Conversation espagnole, les Couseuses. 3 p. gravées par Beauvarlet.

505 **Van Loo, Watelet, Santerre, Simonet** (d'ap.). Madame de Pompadour en jardinière, Marguerite Le Comte, Madame de Philippeville, Madame Favart. Quatre jolis petit portraits.

506 **Van Loo, Santerre** et autres (d'ap.). La Sculpture, la Peinture, le Coucher à l'italienne, Mme Philippeville, l'Automne, les Quatre Saisons. d'après Wagner, etc. 12 p.

507 **Van Loo** (Carle) et autres. La Confidence, la Sultane, la Grecque sortant du bain, la Sultane favorite, etc. 10 p.

508 **Vernet** (J. d'ap.). Costumes d'hommes et femmes du temps de Louis XV. 5 petites pièces avant la lettre, avec toutes marges.

509 **Vleughels, Courtin** (d'ap.). Télémaque dans l'île de Calipso, Loth et ses Filles, Betsabée au au bain, Thétis plongeant Achille dans l'eau, etc 9 p.

510 **Watelet** (C.-H.) et **Saint-Non**. L'Accouchée, la Nourrice, jeune Femme assise, Halte militaire, le Dessin, les Pèlerins. 6 p.

511 **Watteau** (Antoine d'ap.). Titre de son œuvre, dessiné par Guiot et gravé par F. Bailleul: l'Art de la nature.

512 — L'Alliance de la Musique et de la Comédie, par J. Moyreau. Cette épreuve ainsi que les suivantes, sont superbes et avec toutes leurs marges.

513 — M. de Jullienne et Ant. Watteau dans un paysage, par Tardieu.

514 — Ant. Watteau, par L. Crépy, *la plus belle des fleurs ne dure qu'un matin*, etc., par J.-M. Léotard. 2 pièces.

515 — Les Quatre Saisons, par Desplace, Renard, Fessard et J. Audran. 4 p.

516 — La Cascade, par G. Scotin.

517 — L'Accord parfait, par Baron.

518 — Le Conteur, par C.-N. Cochin.

519 — Retour de Chasse, par B. Audran.

520 — La Lorgneuse, par G. Scotin.

521 — *Voulez-vous triompher des belles !... Débitez-leur des bagatelles*, etc., par Thomassin.

522 — La Colation, par J. Moyreau.

523 — Fêtes vénitiennes, par L. Cars.

524 — Les Agréments de l'été, par Joullain.

525 — *Heureux âge ! âge d'or où, sans inquiétude*, etc.; *Iris c'est de bonne heure avoir l'air à la danse*, etc. 2 p. par Tardieu.

526 Arlequin jaloux, par Chedel.

527 La Famille, par P. Aveline.

528 La Sérénade italienne, par G. Scotin.

529 Le Concert champêtre, par B. Audran.

530 Le galant Jardinier ; l'Amour paisible. Deux pièces, par J. de Favannes.

531 Le Sommeil dangereux, par M. Liotard.

532 Le Repas de campagne, par Desplace.

533 *Arlequin, Pierrot et Scapin en dansant ont l'âme ravie, etc., etc. Pour nous prouver que cette belle trouve l'hymen un nœud fort doux, etc., etc.* 2 pièces par L. Surugue.

534 La Danse paysanne, par B. Audran.

535 La Diseuse d'Aventure, par L. Cars.

536 La Sainte Famille, par Renard du Bos.

537 Bon Voyage, par B. Audran. *Coquettes qui pour voir galants au rendez-vous,* par Thomassin. 2 p.

538 L'Enchanteur , l'Aventurière. Deux pièces par B. Audran.

539 La Surprise, par B. Audran.

540 Le Chat malade, par J. Liotard. Pièce superbe et rare.

541 Pomone, par F. Boucher.

542 La Troupe italienne, par F. Boucher.

543 Le Lorgneur, par G. Scotin.

544 L'Accordée de village, par N. de Larmessin.

545 L'Enseigne, par P. Aveline.

546 Promenade sur les remparts, par Aubert.

547 Les Plaisirs du Bal, par Scotin.

548 La Mariée de village, par C.-N. Cochin.

549 L'Embarquement pour Cythère, par Tardieu.

550 L'Enlèvement d'Europe, par P. Aveline.

551 Le Triomphe de Cérès, par Crépy.

552 Louis XIV mettant le cordon bleu à Monseigneur le duc de Bourgogne, père de Louis XV, roi de France, par N. de Larmessin.

553 La Chute d'eau, par J. Moyreau.

554 Retour de guinguette, par Chedel.

555 L'Ile de Cythère, par N. de Larmessin.

556 La Conversation, par M. Liotard.

557 *Qu'ay-je fait, assassins maudits, pour m'attirer ainsy colère?* etc., etc., par Joullain.

558 Diane au bain, par P. Aveline.

559 Retour de Campagne, par N. Cochin.

560 Les deux Cousines, par Baron.

561 Assemblée galante, par Lebas.

562 Les Champs-Élysées, par Tardieu.

563 Les Agréments de l'été, par de Favannes.

564 L'Indiscret, par Aubert.

565 Les Jaloux, par Scotin.

566 Entretiens amoureux, par Liotard.

567 Amusements champêtres, par B. Audran.

568 Le Passe-Temps, par B. Audran.

569 Fêtes au dieu Pan, par Aubert.

570 Récréation italienne, par Aveline.

571 Les Délassements de la Guerre, par Crépy.

572 Halte, par J. Moyreau.

573 L'Occupation selon l'âge, par Dupuis.

574 Le Colin-Maillard, par Brion.

575 Détachement faisant halte, par C. Cochin.

576 Comédiens français, par Liotard.

577 Les quatre Saisons, par de Larmessin, J. Audran, Brion et Moyreau. 4 p.

578 Rendez-vous de chasse, par Aubert.

579 Les Enfants de Bacchus, par Fessard.

580 L'Amour au Théâtre-Italien, par C. Cochin.

581 La Musette, par Moyreau.

582 Défilé, par Moyreau.

583 Le Bosquet de Bacchus, par C. Cochin.

584 Antoine de la Roque, par Lépicié.

585 L'Amour au Théâtre-Français, par Cochin.

586 Leçon d'amour, par Dupuis.

587 Les Charmes de la vie, par P. Aveline.

588 Départ des Comédiens italiens, par Jacob.

589 Pierrot content, par Jeaurat.

590 Les Amusements de Cythère, par Surugue.

591 L'Amour paisible, par Baron.

592 La Gamme d'amour, par Lebas.

593 Comédiens italiens, par Baron.

594 La Sculpture, la Peinture. 2 p., par Desplaces.

595 L'Amante inquiète, la Rêveuse. 2 p., par P. Aveline.

596 Le Docteur, par B. Audran; la Villageoise, par Aveline. 2 p.

597 Le Pénitent, par Fillœul; la Polonaise, par Aubert. 2 p.

598 La Troupe italienne, gravé à l'eau-forte, par Ant. Watteau, et retouché au burin, par Simonneau. Mezetin, jouant de la guitare, par Thomassin. 2 p.

599 La Finette, par B. Audran; l'Indifférent, par G. Scotin. 2 p.

600 La Marmotte, la Fileuse. 2 p., par B. Audran.

601 La Sultane, Mezetin. 2 p., par B. Audran.

602 La Contredanse, par Brion.

603 Les Quatre Saisons, par J. Audran, de Larmessin, Moireau et Brion.

604 L'Accordée de village, la Mariée de village, l'Embarquement pour Cythère. 3 pl. gravées, par de Larmessin, Cochin et Tardieu.

605 Départ pour les Iles, Concert champêtre, Comédiens français, Rendez-vous de chasse, Plaisirs de l'été, etc. 8 p.

606 Fêtes vénitiennes, Assemblée galante, la Musette, l'Ile de Cithère, l'Amour au théâtre italien. 5 p., par Le Cars, Moyreau, Lébas et Cochin. Belles épreuves.

608 Différentes études de têtes d'hommes et femmes. 57 p.

609 Le portrait de Watteau et différentes grandes études de figures de femmes, etc., à mi-corps, par Fr. Boucher. 28 p.

610 Environ 150 pièces. Études diverses et costumes de la comédie italienne.

611 **Watteau** et **Lancret** (d'ap.). La Toilette, par M. Horthemels; le Berger indécis, par Tardieu; Conversation galante, par Le Bas. 3 p. Belles épreuves.

612 — Sujets pastorals, Baigneuses et autres. 17 p.

613 **Watteau** (fils). Costumes de femmes du temps de Louis XVI. 11 p.

614 **Wille** (J.-G.). Le Concert de famille, d'après Schalken, la Tricoteuse hollandaise. 2 p.

615 — La Tricoteuse hollandaise, d'après Mieris. Belle épreuve.

616 **Wille** (fils d'ap.). La Mère contente, par Ingouf. Belle épreuve avant la lettre, avec marges.

617 — La Rusée, la Prude, la Mystérieuse, la Nonchalante. Quatre jolis costumes de femmes, du temps de Louis XIV.

618 — Goûter champêtre, Concert champêtre, la Mère contente, la Mère indulgente, les Conseils maternels. 5 p., par Lempereur et Ingouf.

619 — L'Essai du corset, Dédicace d'un poëme épique, Amusement du jeune âge, les Conseils maternels, le Temps perdu, Goûter champêtre, la Mère contente. 8 p.

620 Eaux-fortes de différents sujets de l'école du XVIIIe siècle. 11 p.

621 Costumes Louis XVI. Danses paysannes, la Déclaration, le Déjeuner, le Messager, etc. 8 jolies petites pièces de costumes Louis XVI. Épreuves avant la lettre.

622 Le Triomphe de la coquetterie. Pièce allégorique sur les coiffures de femmes du temps de Louis XVI. Rare.

623 Costumes de modes pour femmes du temps de Louis XVI, publiées chez Enault et Rapilly. 130 p. Collection rare et curieuse.

624 Coiffures de modes pour femmes du temps de Louis XVI, publiés chez les mêmes. 174 p.

625 Modes et Coiffures de femmes, du temps de Louis XVI, publiées chez Enault et Rapilly. 46 p

626 Un portefeuille contenant 133 p. Compositions gracieuses de l'Ecole française du XVIIIe siècle.

VIGNETTES

627 Gravelot. Suite de 55 vignettes avant la lettre et du portrait de Cervantes, aussi avant la lettre.

628 Marillier (d'ap.). Un portefeuille contenant 246 vignettes pour divers ouvrages, avant et avec la lettre.

629 Monsiau. Suite de 5 vignettes in-4°, avant la lettre, pour le Lutrin de Boileau; plus 3 doubles.

630 — Suite de 23 vignettes in-4°, avant la lettre, plus 3 à l'eau-forte pour la Nouvelle Héloïse de J.-J. Rousseau.

631 — La même suite. 30 p. avant et avec la lettre, plusieurs sont doubles.

632 Un lot de 72 vignettes diverses par Lebarbier, avant et avec la lettre.

633 Un lot de 88 vignettes diverses par Monnet et Queverdo, avant et avec la lettre.

634 Un portefeuille contenant 86 vignettes, avant et avec la lettre, d'après Cochin, pour divers ouvrages.

635 Un portefeuille contenant 214 vignettes avant et avec la lettre, in-4 et in-8, pour les œuvres de Molière, Voltaire et J.-J. Rousseau.

636 Eaux-fortes des vignettes in-4 pour les œuvres J.-J. Rousseau.

637 Un portefeuille contenant 86 vignettes pour le théâtre de Goldoni, pour le Rabelais de Devéria, sur Daphnis et Chloé, l'histoire de France, etc.

638 Un portefeuille contenant 120 vignettes diverses avant et avec la lettre, par Eisen, dont plusieurs pour les Contes de La Fontaine.

639 Un portefeuille contenant 112 vignettes de sujets galants.

640 Un portefeuille contenant environ 700 vignettes, costumes et sujets divers.

641 Un portefeuille contenant environ 600 vignettes avant et avec la lettre, d'après Moreau, Marillier, Gravelot et autres.

642 Un portefeuille contenant environ 500 vignettes diverses, avant et avec la lettre.

643 Un portefeuille contenant environ 400 vignettes de l'École française.

644 **Gravelot** (D'après). Un portefeuille contenant 171 vignettes pour divers ouvrages.

645 Un portefeuille contenant 220 vignettes avant et avec la lettre, pour divers ouvrages.

646 Un portefeuille contenant 120 vignettes modernes avant et avec la lettre, pour divers ouvrages.

ESTAMPES DU XVIIIᵉ SIÈCLE

IMPRIMÉES EN COULEUR

647 **Beaudoin** (D'après). Qu'est là ? J'y vais. 2 p. faisant pendant, gravées par L. Marin.

648 **Benazech** (D'après). Le Couronnement de la rosière, le Prix de l'agriculture. 2 p. faisant pendant.

649 **Bonnet**. La belle Toilette, la belle Cachette, 2 p. faisant pendant, d'ap. Jollain.

650 — La Toilette, le Bain. 2 p. faisant pendant, d'ap. Jollain.

651 — Le bon Logis. *Céans on loge, etc.* Pièce gravée à la sanguine, d'ap. Leclerc.

652 **Bonnet, Janinet, Demarteau, Mixelle**, La Danse; Jeunes époux se promenant; Candaule, roi de Lydie ; l'Amant favorisé ; Bergères, etc. 6 p. imprimées en couleurs et aux trois crayons.

653 **Bonnet, Marin, Mixelle**. La Lecture, la Jarretière, le Bandeau favorable, le Midi, etc. 8 p.

654 **Bonnet, Janinet** et autres. L'Après-Midi, l'Amour bravé, le Mari indiscret, l'Agréable Résistance, le Retour de tendresse, le Passé, etc. 18 p.

655 **Bonnet, Demarteau** et autres. Têtes de jeunes filles, le Couché, d'ap. Vanloo, etc. 20 p.

656 — Etudes de têtes de jeunes filles. 29 p. d'ap. Leclerc.

657 **Challe** (D'après). Quand l'Hymen dort, l'Amour veille Gravé par Maucler.

658 **Charlier** (D'après). Vénus en réflexion. Jolie pièce gravée par Janinet.

659 **Debucourt**. Promenade du Palais-Royal en 1787. Pièce curieuse et intéressante pour le costume.

660 — Promenade publique. Très-belle pièce curieuse et fort recherchée pour la variété des costumes.

661 — Le Compliment, ou la Matinée du jour de l'an; les Bouquets, ou la Fête de la grand'maman. 2 pièces faisant pendant.

662 — La Main, la Rose. 2 charmantes pièces faisant pendant.

663 — La Fille enlevée. Jolie pièce gravée de forme ovale, en 1785. Rare.

664 — La Rose mal défendue. Jolie pièce.

665 — Il est pris... Très-jolie pièce gravée par un procédé particulier découvert par l'auteur en 1792.

666 — Route de Naples. Epreuve avec marges.

667 — La même pièce. Epreuve non coloriée.

668 — Les Visites, Pauvre Annette. 2 p.

669 — Les Courses du matin. Epreuve non coloriée.

670 **De Longueil.** Les Dons imprudents, le Retour à la vertu. 2 jolies pièces faisant pendant.

671 **Dutailly, Demachy** et autres (D'après). Le Retour du Soldat, Soldat mourant pour la patrie, le Départ du Soldat, Intérieur de ferme. le Charlatan, etc. 7 p.

672 **Demarteau.** Femme nue assise sur un lit, d'ap. Boucher.

673 — Les Trois Grâces, Vénus au repos, Vénus couchée, Femme nue au repos, l'Attention, Femme au bain, la Bergère surprise, etc. 9 jolies p. d'apr. Boucher.

674 — Vénus et l'Amour, Têtes et Bustes de jeunes Filles, etc. 10 pièces gravées aux trois crayons et à la sanguine.

675 — Le Repos de Vénus, Autel de l'Amitié, Etudes d'enfants, etc. 11 p. gravées aux trois crayons et à la sanguine, par Bonnet et Demarteau.

676 — Etudes d'Enfants et d'Amours. 14 p.

677 — Etudes de Mères et Enfants, jeunes Filles, les Nourrices, les Grâces, Bergères, etc. 20 p.

678 — Etudes de Bergères et Bergers, jeunes Garçons, etc. 23 p.

679 — Etudes de Bergères au repos, les OEufs cassés. le Maraudeur, la Marchande de fleurs, l'Oiseau envolé, la Laveuse, les Plaisirs innocents, Vénus et l'Amour, etc. 23 p.

680 — Têtes et Busles de jeunes Filles et Femmes. 7 p. gravées aux trois crayons.

680 — La jeune Bergère, Têtes de jeunes Filles avec coiffures, le Soir, jeune Femme jouant de la guitare, etc. 13 p. gravées aux trois crayons, d'après Huet.

681 **Huet** (D'après). Les Compliments du jour de l'an, le Déjeuner. 2 p. par Bonnet.

682 — Le Déjeuner, le Dîner. 2 p. par Bonnet.

683 — L'Accord maternel, par Bonnet,

684 — Les Soins maternels, par Bonnet.

685 — L'Amour offrant des présents à Ariane. Offrande présentée par l'Amour à la Fidélité. 2 p. par Bonnet.

686 — L'Amour prie Vénus, Vénus enflammée par l'Amour. 2 p. par Bonnet, avec marges.

687 — La Déclaration, l'Amant pressant, l'Amant écouté. 3 p. par A. Legrand.

688 — Vénus donnant ses ordres à l'Amour, l'Amour enchaîné par les Grâces, Thétis et Protée. 3 p. par Bonnet.

689 — Le Départ du marché, Colin-Maillard, le Départ d'une foire, les Fruits de l'Amour et de la Fidélité, le Départ de campagne, la Marchande de poisson, le Cerisier, la Bergère satisfaite. 8 p. gravées par Bonnet et Jubier.

690 — La Troupe ambulante des rues de Paris, le Départ d'une foire, le Goûter champêtre, les Adieux du Fermier, l'Arrivée de la Fermière, l'Espoir heureux, la Bergère satisfaite. 6 p. gravées par Bonnet et Jubier.

691 — Le Petit Sabot, la Peinture, la Bonne Chienne, le Petit Château de cartes, la Bouillie aux Chats, la Petite Bastille, Départ pour le siége de la Bastille, le Point d'honneur ou le Petit Duel, la Sœur donne les étrennes à son frère, le Jeu de Volant, le Jeu de Ballon, le Jeu de Tami, la Troupe ambulante des rues de Paris, le Soir, le Maître de musique, etc. 20 p. grav. par Bonnet.

692 **Hubert-Robert** (d'ap.). L'Hermite du Colisée, la Prière interrompue, Intérieur d'un cloître de religieux, Intérieur d'un cloître de religieuses. 4 p. grav. par Descourtis.

693 **Isabey** (d'ap.). Salle d'exhibition de J. Isabey à Londres, par W. Bennett. Belle épreuve.

694 **Janinet**. Portrait de Mlle Du Thé. Très belle épreuve avant toutes lettres, avec marges. *Rare*.

695 — Encadrement pour le portrait de Marie-Antoinette.

696 **Janinet** et autres. L'Aimable paysanne, l'Armoire et le Verrou, d'apr. Fragonard, l'Aimable société, etc. 12 p.

697 **Janinet, Bonnet** et autres. Études de têtes de jeunes filles et jeunes femmes. 17 p.

698 — La Crainte enfantine, le Dentiste ambulant, le Marchand de tisane, l'Aveugle trompé, l'Aveugle détrompé, etc. 9 p.

699 **Janinet, Bonnet, Demarteau**. Études et Têtes de jeunes filles, 12 p.

700 **Jazet.** La Promenade du Jardin-Turc, dessiné par J.-J. de Bz. Pièce très-rare.

701 **Lavrince** (d'ap.). La Comparaison, par Janinet. Très-belle épreuve d'une fraîcheur remarquable.

702 L'Aveu difficile, par Janinet. Très-belle épreuve.

703 Le Serin chéri, Jamais d'accord. 2 pièces faisant pendant, gravées par Dnargle.

704 La Promenade au bois de Vincennes, le Bosquet d'Amours. 2 jolies pièces gravées par Chapuy.

705 La Séparation inattendue. Jolie pièce dans le genre de Lawrince.

706 **Le Prince** (D'après). *The Pleasures of solitude, the Welcome News.* 2 pièces gravées par L. Marin.

707 — Costumes de jeunes filles et Études de têtes. 13 p. gravées à la sanguine et aux trois crayons, par Demarteau.

708 **Leclerc, Schenau, Cochin** et autres (d'ap.). Costumes, Coiffures et Têtes de femmes. 25 p. d'ap. Leclerc et autres.

709 **Mallet** (d'ap.). La Lecture. Jolie pièce représentant une jeune femme en costume Louis XVI, appuyée sur une table ; très-belle

710 *Chit, chit!...* Pièce gracieuse représentant deux
jeunes femmes à une fenêtre, gravée par Copia.

711 La nouvelle intéressante, jolie pièce gravée par
Mixelle.

712 **Mallet** et autres (d'ap.). Les Bonnes Amies,
l'Impatience amoureuse, la Lecture, etc. 5 p.

713 **Mallet, Lavrince** et autres (d'ap.). La Nouvelle intéressante, le Lever des ouvrières en modes,
le Sommeil interrompu, le Modèle, la Laitière, etc.
6 p.

714 **Marin** (L.). Jeune fille prenant son café, la Jeune
laitière. 2 pièces.

715 **Marin, Vidal** et autres. Les Revers de la fortune,
le Plaisir de la solitude, l'Aimable famille, la Cuisi-
nière française, la Confidence, le Déjeuné, etc. 12 p.

716 **Pietkin** (d'ap.). Les Amusements champêtres,
par Chapuy.

717 **Sayers** (Éditeur). L'Instant de la gaîté, la Cham-
brière instruite, la Perte irréparable, la Réflexion
tardive. Quatre pièces coloriées.

718 **Sergent.** *The Day's folly, the Magnetism.* 2 pièces
gravées, de forme ronde, rares.

719 **Swebach** (d'ap.). La Vieillesse d'Annette et
Lubin, par Le Cœur. Belle épreuve.

720 **Taunay** (d'ap.). La Fête du village, par Descourtis. *Rare,* épreuve avant la lettre.

721 **Vangorp** (d'ap.). Le Déjeuner de Fanfan, par
Mallet. Épreuve avant la lettre.

722 — Le Déjeuner de Fanfan, Ah! qu'il est joli. 2 piè-
gravées par Mallet.

723 **Watteau** (D'ap.). Le Rendez-Vous comique,
Danse champêtre. 2 jolies petites pièces gravées
par Janinet.

724 Portrait de Mlle Dutey. Belle épreuve d'un portrait rare.

725 Louis XVI et Henri IV, sur un piédestal au milieu
de la place Louis XVI. Pièce gravée en couleur.

726 L'Heureuse rencontre, le Bouquet déchiré. 2 pièces
publiées chez Mixelle.

727 Assaut de duel entre la chevalière d'Eon de Beaumont et M. de Saint-George, en présence du prince
de Galles. Pièce coloriée.

728 **Desrais** (D'ap.). Promenade du boulevard Italien
ou Petit-Coblentz, par E. Voysard. Pièce curieuse
pour les costumes.

729 Vue de la galerie du Palais-Royal et la Danse des
chiens, d'ap. C. Vernet. 2 p.

730 Modes, Caricatures et Costumes sous le Direc-
toire, etc. 25 p.

731 Costumes des femmes de Normandie, dessinés par
Lanti et gravés par Gatine. 33 pièces.

732 **Vernet** (Carle). Officiers étrangers à Paris en
1815, Bivouac aux Champs-Élysées, Combat d'un
Mameluck et d'un Français, Marche de Nubiens
d'après Marilhat, etc. 8 p.

733 Collection des 12 pièces représentant des combats
de taureaux.

734 Sous ce numéro, sera vendu, à la fin de chaque
vacation, un nombre considérable de pièces sur
l'archéologie, la peinture, les costumes de tous
genres et de tous pays, etc.

DESSINS ANCIENS

ON Y REMARQUE DEUX RECUEILS CURIEUX DE PORTRAITS DE
PERSONNAGES FRANÇAIS DU XVIᵉ SIÈCLE.

1 **Aldortfer** (Albert). Repas de seigueurs allemands sous une tente, château dans le fond. Beau
dessin à la plume, portant le monogramme de
l'artiste.

2 **Arpino** (le cavalier d'). L'Amour. A la sanguine.

3 **Barbieri**. (Francesco dit le Guerchin). Buste
d'homme. A la plume.

3 *bis*. — Belle tête d'homme. Au bistre provenant
de la collection W. Espoile.

4 **Baudoin**. La Cage symbolique. Composition au
crayon noir connue par la gravure.

5 **Bernard**. Bustes de femmes. Dessinés à la
plume par Bernard, écrivain du cabinet du feu
roi Stanislas. 2 p.

6 **Boissieux** (J.-J. de). Études diverses de quatorze
figures. A la plume, lavé.

7 — Études de douze figures, dont une femme qui
tient une quenouille. A la plume, lavé

8 — Études de seize figures, dont une marchande
de pommes. A la plume, lavé.

9 Études de vingt-trois figures, dont une femme portant un paquet sur sa tête. A la plume, lavé.

Ces quatre dessins sont très-beaux et proviennent de la collection de Th. Dimsdale.

10 **Bonnart**. Jeune Homme et jeune Femme en promenade. Dessin colorié, sur soie.

11 — Costume de femme du temps de Louis XIV. A la plume, lavé.

12 **Boucher** (F.). Femmes drapées. Beau dessin au crayon noir rehaussé de blanc, sur papier bleu, signé et daté 1764.

13 **Boucher** et **Watteau**. Têtes de jeunes femmes, Vénus et les Amours. Sept dessins à la sanguine.

14 **Brion de la Tour**. Un jeune homme et une jeune femme au temple de l'Amour. Jolie composition de forme ovale, signé 1788 ; à l'aquarelle.

15 **Chardin** (manière de). Intérieur de chambre à coucher. Au crayon noir rehaussé.

16 **Callot** (d'après). Chars de triomphes et marches de soldats. Cinq dessins à la plume, sur vélin.

17 **Caravage** (Polidore de). Bas-relief représentant des guerriers romains. A la plume, lavé.

18 **Carrache** (A.). Personnage sauvant un homme qui se noie. A la plume.

19 **Casanova, Vander Meulen, Guerchin**. Cavaliers et costumes militaires. Huit dessins à la sanguine et à la plume.

20 **Cochin** (genre de). Vues perspectives de la place de Louis-le-Grand avec la représentation des salles construites à l'occasion du mariage de Mgr. le dauphin, avec grand nombre de personnages. Beau dessin à l'aquarelle sur trait gravé.

11 **Bertelli** (F). Habits et costumes vénitiens. *Venise*, 1563 ; 58 pl. in-4. Manque les pl. 49-50.

12 **Bonasone** (Jules). Clélie traversant le Tibre (B. 83). Très-belle ép.

13 —Le lever du soleil, d'après Michel-Ange (B. 99). Belle ép. du premier état, rare.

14 — L'Amour surpris dans les Champs-Elysées (B. 101). Belle ép. rare.

15 **Bosse** (Abraham). La Mariée reconduite chez elle ; le Printemps ; le Contrat de mariage ; le Barbier ; le Cordonnier ; Marche des chevaliers de l'ordre du Saint-Esprit. 6 p. Belles ép.

16 — L'Automne; le Printemps ; la Vue; l'Infirmerie de l'hospice de la Charité; le Retour du baptême ; l'Accouchée. 6 p. Belles ép.

17 — Les vierges folles et les vierges sages. 7 p. Belles ép.

18 — La Déroute des jansénistes ; la Dame réformée ; titre de l'Histoire de Rosane ; Louis XIII et sa cour. 5 p.

19 — La Noblesse française ; la Noblesse à l'Église. 16 p.

20 —Le Bal; l'Ouye; le Mauvais riche ; l'Enfant prodigue ; le Goût; la Relevée ; l'Accouchée ; visiter les prisonniers ; l'Imprimeur; etc. 18 p.

21 **Bosse, Callot, Saint-Igny et autres.** Costumes d'hommes et femmes ; métiers ; etc. 48 p,

22 **Both, Herman Swanewelt et Gessner** Paysages. 40 p.

34 — La Vierge au croissant, entourée de saints. A
la plume, lavé, portant la date de 1636.

35 **École française.** Portrait de jeune femme du
temps de Henri IV. A la sanguine, dans un cadre
de l'époque.

36 — Repas de seigneurs en costume de Louis XIV.
Grand dessin au crayon noir.

37 **École française du XVIIIe siècle.** Têtes
et Bustes de jeunes femmes coiffées. Seize jolis
dessins à la mine de plomb et aux trois crayons.

38 — Décoration théâtrale, animée d'un grand nombre de figures. A la sépia.

39 — Études de têtes de femmes des époques
Louis XV et Louis XVI. Au crayon noir rehaussé,
sur papier de couleur.

40 — Costumes de femmes de l'époque Louis XVI.
Trente-trois études au crayon noir rehaussé, sur
papier de couleur.

41 — Intérieurs Louis XVI, l'un représenté un
club d'hommes jouant aux cartes. Deux dessins
à la plume et au crayon noir.

42 — Tête de jeune homme. Aux trois crayons.

43 **École italienne du XVIe siècle.** Joseph
reconnu par ses frères. A la plume, lavé.

44 — Ange portant le parasol et les clefs du pape,
avec bordure d'ornements du xvie siècle. A la
plume, lavé.

45 — Figure d'Hébé, attribuée à Raphaël. A la plume,
provenant des collections Charles I, Reynolds, P.
Lely et Th. Lawrence.

46 — Allégorie sur les arts : Jeune femme tenant le
soleil ; elle est entourée d'Amours qui tiennent
des attributs. Très joli dessin au bistre.

47 — Jésus devant Pilate. A la sépia et à la plume.

48 — Façade de monument. A la plume, lavé.

49 **Fragonard** (H.). Jeune enfant apprenant son alphabet sur un tableau. A la sépia.

50 **Galimberti**. Costumes de tous les peuples. 129 p. à la plume.

51 **Gillot**. Scène du Malade imaginaire par des singes, dans un entourage ovale. Au crayon noir.

52 **Goltzius** (Henri). Portrait de Henri III, roi de France. Joli dessin de forme ronde, à la mine de plomb, sur vélin.

53 — Portraits de Guillaume de Nassau et de Charlotte de Bourbon, sa femme. Deux jolis dessins, sur vélin, à la mine de plomb, signés et gravés par l'artiste.

54 **Janet Clouet** (École de). Recueil de quarante-huit portraits de seigneurs et dames de la cour de François Ier : Mme la comtesse d'Angoulême ; Claude de France ; Henri d'Albret ; la duchesse d'Alençon, sœur de François Ie ; la duchesse de Ferrare ; Marie, reine de Hongrie ; Claude de Lorraine, duc de Guise ; le duc de Clèves ; M. de Vaudemont ; Mme de Rohan ; Diane de Poitiers ; Mme de Canaples ; Artus Gouffier ; grand-maître de Boissy ; Odet de Foix ; Mme de Nevers ; Suzanne de Bourbon ; prince de La Roche sur-Yon ; prince d'Allerat ; Mlle de Givry ; Mme de Pieux ; Mme de Montignant ; le comte de Sencerre ; Mme de Cruzol ; le comte de Turenne ; Mme la Ballye de Cam ; M. de Candio ; Mme du Vygant ; le duc d'Etampes ; Mlle de Bresuyre ; Done Marigne ; le maréchal de Cossé.

Donc Beatrix ; M de Thais ; M. de Saint-Galien ;
le chevalier d'Aubrey ; M. de Barbesieux ; Mme de
Châteaubriant ; M. de Favanes ; maréchal de Florange ; maréchal de Chalanes ; M. de Brosses ; le
maréchal de Foy ; André de Foy ; Mme de Gasau et
François de La Rochefoucault, en vieille reliure et
avec l'écriture du temps.

55 — Autre Recueil de soixante-trois portraits de
personnages français célèbres du xvie siècle, aux
trois crayons : Henri d'Albret, roi de Navarre ;
Jeanne d'Albret (2 diff. portr.) ; la reine Eléonore ;
la princesse de Navarre ; la reine Claude ; la reine
Marie de Hongrie ; Marguerite de Valois ; M. de
Guise (2 diff. portr.) ; le duc de Lorraine ; Mme de
Vauguyon ; Mme de Guise ; la princesse de Bourbon ;
Mme de Rohan ; Mme de Nevers ; le cardinal de
Bourbon ; le cardinal d'Armagnac ; le cardinal de
Tournon ; l'évêque de Limoges ; le duc d'Albe ;
le fils du duc d'Albe, maréchal de Florange ; le
connétable de Montmorency ; le maréchal de
Boissy ; M. de Vaudemont ; M. de Montmorency,
duc de Damville ; le comte de Sencerre ; M. de
Thiais ; M. de Laval ; le marquis du Maine ; M. de
Talard ; M. Dardelet ; le comte de Sancarre, maréchal de Favannes ; maréchal de Cossé (2 diff.
portr.) ; Galliot de Genuillac ; M. de Lautrec ; le vicomte de Bourdeille ; le comte de Genserri ; M. de
Baudouin ; M. de Vauguyon ; seigneur Pierre d'Estrade ; M. de Clermont ; Donna Beatrix ; Mme d'Anébaut ; Louise de Polignac ; Mlle de Joulini ;
Mme de Brissaire ; Mme de Rieux, comtesse de

Fiosque ; Mme du Goyier ; Claude de Casase ; Mme Dampierre ; Mme de La Rochefoucauld ; Mlle Bourdeille ; Mme Bourdeille ; Mme de Canaples ; Mme de Tallart, mère de Diane de Poitiers; Mme d'E-tampes ; la baillire de Cam; Marie d'Albret; Mme de Bueil ; la nourrice de Monsieur. Cette collection est montée dans un volume en maroquin rouge plein.

56 **Van Loo** (Attribué à). Intérieur Louis XV, représentant une société de seigneurs et femmes jouant aux cartes ; à la plume.

57 **Lahyre** (L.). Composition mythologique, à la sanguine. Concert d'anges, à la plume, sur papier bleu. Deux dessins.

58 **Largillière** et autres de l'École française. Costumes et études de têtes de femmes. Huit dessins à la sanguine et au crayon noir rehaussé.

59 **Lavrince.** L'Aveu difficile. Charmante composition à l'aquarelle, connue par la gravure de Janinet.

60 **Lebarbier** (L.). Vue de la grande allée du jardin de la Malmaison, animée de personnages. Grand dessin à l'aquarelle, signé et daté 1777.

61 **Lélu** (P.). Cavalier faisant danser deux jeunes femmes. A la sépia.

62 **Leprince** (J.-B.). Costume de jeune femme russe. A l'encre de Chine, signé et daté 1762.

63 — Jeune garçon pêchant. Il est regardé par deux personnages turcs. A la sanguine.

64 **Lioni** (O.), dit le Padouan. Portrait de femme avec collerette, au crayon noir rehaussé, sur papier bleu.

65 — Beau portrait de femme, aux trois crayons, sur papier bleu.

66 — Autre portrait de femme, au crayon noir rehaussé, sur papier bleu.

67 **Maître au monogramme du nom du Christ**. Quatre costumes d'hommes et femmes de Turquie. Dessins coloriés et rehaussés d'or.

68 **Marillier**. Un grand nombre de dessins à la plume pour l'illustration des OEuvres de J.-J. Rousseau, de Tressan, les Mille et une nuits, les Voyages imaginaires, etc.

69 **Martin** (J.). Vue du lac de Frodlhanttan en Suède, au pastel.

70 **Moitte** (Mme). Six différentes études à la plume.

71 — Quatre-vingt-sept études de têtes de femmes, à la mine de plomb.

72 **Nattier** (J.-M.). Jeune femme appuyée, au crayon noir rehaussé, sur papier bleu.

73 **Pajou**. Marie-Antoinette en Hébé, à la sanguine, signé et daté 1776.

74 **Palma, Corcina** (Madelaine) et autres. Saintes familles. Etudes diverses. Dix huit dessins à la plume, à la sanguine et au bistre.

75 **Panini**. Exposition d'un salon de peinture, à la plume lavé de bistre.

76 **Parmezan** (Francesco Mazazuoli, dit le) Lucrèce. Beau dessin à la sanguine, provenant des collections de sir Th. Laurence, Richardson et P. Lely.

77 — Sainte Famille. Belle étude au crayon noir, passée aux carreaux.

78 **Pater**. Jeune femme vue de profil, au crayon noir rehaussé.

79 — Homme vu de face, au crayon noir rehaussé.

80 **Preaux**. Costumes divers et paysages. Trente-quatre dessins à la plume et à la mine de plomb.

81 — Dix-neuf dessins de paysages et vues de monuments, à l'aquarelle et à la plume.

82 **Rembrandt** (Van Rhyn). Compositions historiques. Deux beaux dessius à la plume, lavés de sépia ; plus, un sujet de la Vie de saint François, par D. Tiépolo, à la plume, lavé.

83 **Robert** (Hubert). Mendiante et ses enfants au pied d'une fontaine. Signé et daté 1783, à l'aquarelle.

84 **Semay** (O). Intérieur Louis XV représentant deux femmes assises ; l'une fait la lecture, et la plus jeune fait une guirlande de fleurs que lui tient un seigneur. Dessin à la mine de plomb sur vélin, signé *O. Semay delincavit, 1763.*

85 **Silvestre** (Attribué à Is.). Vue du château de Fontainebleau. A la plume, lavé.

86 **Trinquesse, Pater, Lebas** et autres. Costumes et études diverses. Quinze dessins à la sanguine, à l'aquarelle et au crayon noir.

87 **Van Loo, Boucher, Coypel, Huet,** etc. Costumes et études de têtes de femmes. Quinze dessins aux trois crayons, à la sanguine et au crayon noir.

88 **Vander Meulen**. Cavaliers. A la plume.

89 **Varlet** (Mlle). Tête de jeune fille coiffée. Aux trois crayons.

90 **Vaillant** (W.). Portraits d'hommes et femmes. 8 dessins au crayon noir rehaussé.

91 **Saint-Aubin** (Attribué à Gabriel). Intérieur de salle de vente du temps de Louis XV, animé par un grand nombre de figures. A la plume, lavé.

92 **Watteau** (École d'Antoine). Études de femmes, têtes et draperies aux trois crayons, sur papier teinté.

93 — La Conversation. Composition de quatre personnages. Très-joli dessin à la mine de plomb.

94 — Trois jolis costumes de femmes, à la sanguine, montés sur la même feuille.

95 **Watteau, Lancret.** Études de femmes, têtes de femmes, etc. 7 dessins à la sanguine et au crayon noir.

96 **Watteau, Lancret, Pater, Cochin.** Dix études à la sanguine et à la mine de plomb.

97 Recueil de 138 dessins provenant de la collection du cardinal Albani. En tête se trouve un frontispice avec ses armes. Ce Recueil renferme des dessins de toutes les écoles : F. Baroche, C. Maratte, Callot, A. Durer, A. Carrache, P. de Cortone, F. Mola, André Del Sarte, le Guerchin, Guido Reni, Cavaliere d'Arpisio, Paul Véronèse, le Parmesan, le Rosso, Léonard de Vinci, Primatice, Nicholo del Albate, P. Lely, Titien, Tintoret, le Guerchin et autres. 1 vol. in-fol.

98 — Portrait de Isabelle-Claire-Eugénie, gouvernante des Pays-Bas, au pastel.

99 — Costumes de femmes au XVIᵉ siècle. 19 dessins, sur vélin, coloriés et rehaussés d'or.

100 — Costumes vénitiens. 12 dessins.

101 — Dessin d'éventail, à l'aquarelle, sur baudruche.

102 — Dessin pour almanach, représentant la cérémonie du mariage de Mgr le Dauphin, fils de Louis XV, dans la chapelle de Versailles. A la plume, lavé d'encre de Chine.

103 — Dessins d'ornements et d'orfévrerie. Douze dessins à la plume et au bistre.

104 — Ancienne miniature sur vélin, représentant un combat de guerriers.

105 — Quatre miniatures sur vélin et sur fond d'or, tirées d'anciens manuscrits.

106 — Six miniatures sur vélin, tirées d'anciens manuscrits.

107 — Huit miniatures sur vélin, tirées d'anciens manuscrits.

108 — Huit pages de livres sur vélin, entourées de dessins d'ornementation.

Renou et Maulde, imprimeurs de la Compagnie des Commissaires-Priseurs
rue de Rivoli, 111.   28045

www.ingramcontent.com/pod-product-compliance
Lightning Source LLC
Chambersburg PA
CBHW061424060726
47597CB00003B/1134